2020
中国渔业统计年鉴

农 业 农 村 部 渔 业 渔 政 管 理 局
全国水产技术推广总站　中国水产学会　编制

中国农业出版社
北　京

《中国渔业统计年鉴》编辑委员会

编　者　说　明

一、《中国渔业统计年鉴》以正式出版年份标序。其统计数据起讫日期:渔民家庭收支调查起讫时间为 2018 年 11 月 1 日至 2019 年 10 月 31 日;渔业科技统计数据起讫时间为 2018 年 1 月 1 日至 2018 年 12 月 31 日;其他数据起讫时间为 2019 年 1 月 1 日至 2019 年 12 月 31 日。

二、统计数据中,远洋渔业数据按照远洋渔业管理办法进行统计;水产品贸易数据来源于中国海关统计;渔业科技数据来源于农业农村部相关统计资料;技术推广数据来源于全国水产技术推广总站、中国水产学会;其余数据来源于 31 个省、自治区、直辖市渔业主管部门和中国农业发展集团有限公司。

三、主要统计指标数据执行 2017 年度国家统计局批准执行的统计指标体系(国统制〔2017〕173 号)。

四、度量衡单位均采用国际统一标准计量单位。涉及水产品产量数字一律采用 1996 年制定的水产品产量统计新标准统计。

五、部分数据合计数或相对数由于单位取舍不同而产生的计算误差,均未做机械调整。

六、全国统计数据中,均未包括香港特别行政区、澳门特别行政区和台湾省。

七、各表中的“空格”表示该项统计指标数据不足本表最小单位数、数据不详或无该项数据。

八、本年鉴数据如有误列,敬请及时指正。

2019 年全国渔业统计情况综述

2019 年是新中国成立 70 周年，是决胜全面建成小康社会第一个百年奋斗目标的关键之年。全国渔业系统认真贯彻党中央、国务院决策部署，落实全国渔业高质量发展推进会议精神和工作部署，立足新形势、新职能、新要求，坚持“提质增效、减量增收、绿色发展、富裕渔民”的总目标，继续深化渔业供给侧结构性改革，渔业高质量发展稳步推进。

一、全社会渔业经济总产值和增加值

按当年价格计算，2019 年全社会渔业经济总产值 26 406.50 亿元，其中渔业产值12 934.49亿元，渔业工业和建筑业产值 5 899.17 亿元，渔业流通和服务业产值 7 572.83 亿元，三个产业产值的比例为 49.0∶22.3∶28.7，如图 1 所示。渔业流通和服务业产值中，休闲渔业产值 963.68 亿元，同比增长 6.81%。

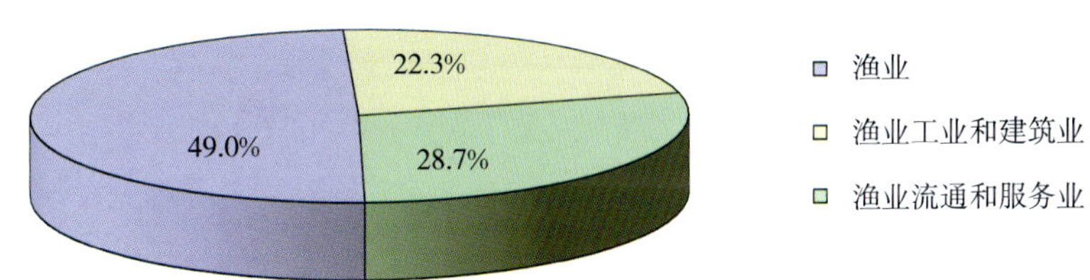

图 1　2019 年渔业经济总产值构成

渔业产值中，海洋捕捞产值 2 116.02 亿元，海水养殖产值 3 575.29 亿元，淡水捕捞产值 398.09 亿元，淡水养殖产值 6 186.60 亿元，水产苗种产值 658.49 亿元（渔业产值以国家统计局年报数据为准）。

渔业产值中（不含苗种），海水产品与淡水产品的产值比例为 46.4∶53.6，养殖产品与捕捞产品的产值比例为 79.5∶20.5。

二、渔民人均纯收入

据对全国近 1 万户渔民家庭当年收支情况调查，全国渔民人均纯收入21 108.29元，比上年增加 1 223.29 元、增长 6.15%。

三、水产品产量及人均占有量

2019 年，全国水产品总产量6 480.36万吨，比上年增长 0.35%。其中，养殖产量 5 079.07 万吨，同比增长 1.76%，捕捞产量 1 401.29 万吨，同比下降 4.45%，养殖产品与捕捞产品的产量比例为 78.4∶21.6，如表 1、表 2 所示；海水产品产量 3 282.50 万吨，同比下降 0.57%，淡水产品产量 3 197.87 万吨，同比增长 1.32%，海水产品与淡水产品的产量比例为 50.7∶49.3。

表 1　2019 年全国水产养殖产量

单位：万吨

指　　标	养殖产量	海水养殖		淡水养殖	
		产量	同比(%)	产量	同比(%)
全国总计	**5 079.07**	**2 065.33**	**1.68**	**3 013.74**	**1.82**
鱼　　类	2 708.61	160.58	7.41	2 548.03	0.15
甲 壳 类	567.44	174.38	2.40	393.05	14.32
贝　　类	1 457.94	1 438.97	-0.34	18.96	-3.14
藻　　类	254.39	253.84	8.30	0.55	-21.24
其　　他	90.71	37.55	13.44	53.16	3.26

表 2　2019 年国内捕捞产量

单位：万吨

指　　标	国内捕捞产量	海洋捕捞		淡水捕捞	
		产量	同比(%)	产量	同比(%)
全国总计	**1 184.27**	**1 000.15**	**-4.24**	**184.12**	**-6.25**
鱼　　类	821.27	682.88	-4.66	138.39	-5.91
甲 壳 类	215.27	191.79	-3.11	23.48	-9.17
贝　　类	61.67	41.19	-4.29	20.48	-3.40
藻　　类	1.74	1.74	-4.64	0.001	-88.89
头 足 类	56.92	56.92	-0.13		
其　　他	27.38	25.62	-9.88	1.76	-21.33

2019 年，远洋渔业产量 217.02 万吨，同比下降 3.87%，占水产品总产量的 3.35%。

2019 年，全国水产品人均占有量 46.45 千克（全国人口 139 538 万人），比上年增加 0.17 千克、增长 0.37%。

四、水产养殖面积

2019 年，全国水产养殖面积 7 108.50 千公顷，同比下降 1.13%。其中，海水养殖面积 1 992.18 千公顷，同比下降 2.49%；淡水养殖面积 5 116.32 千公顷，同比下降0.59%；海水养殖与淡水养殖的面积比例为28.0∶72.0，如表3、表4所示。

表3　2019年全国海水养殖面积

单位：千公顷

指　　标	2019年	同比(%)	占总面积比重(%)
全国总计	**1 992.18**	**-2.49**	
鱼　　类	75.35	0.30	3.78
甲 壳 类	287.86	-2.43	14.45
贝　　类	1 204.25	-2.97	60.45
藻　　类	141.74	-1.68	7.11
其 他 类	282.99	-1.63	14.21

表4　2019年全国淡水养殖面积

单位：千公顷

指　　标	2019年	同比(%)	占总面积比重(%)
全国总计	**5 116.32**	**-0.59**	
池　　塘	2 644.73	-0.83	51.69
湖　　泊	770.09	3.21	15.05
水　　库	1 416.57	-1.74	27.69
河　　沟	155.39	-13.39	3.04
其　　他	129.54	15.27	2.53

五、渔船年末拥有量

2019年，年末渔船总数73.12万艘、总吨位1 040.24万吨。其中，机动渔船46.83万艘、总吨位1 004.84万吨、总功率1 990.53万千瓦；非机动渔船26.29万艘、总吨位35.39万吨。

机动渔船中，生产渔船45.15万艘、总吨位898.82万吨、总功率1 765.20万千瓦；辅助渔船1.68万艘、总吨位106.03万吨、总功率225.34万千瓦。

六、渔业人口和渔业从业人员

2019年，渔业人口1 828.20万人，比上年减少50.47万人、下降2.69%。渔业人口中传统渔民为600.50万人，比上年减少17.79万人、下降2.88%。渔业从业人员1 291.70万人，比上年减少34.03万人、下降2.57%。

七、水产品加工与贸易

截至2019年年底，全国水产加工企业9 323个，水产冷库8 056座。水产加工品总量 2 171.41 万吨，同比增长 0.68%。其中，海水加工产品 1 776.09 万吨，淡水加工产品 395.32 万吨，同比分别增长 0.06%和 3.53%。用于加工的水产品总量 2 649.96 万吨，同比下降 0.13%。其中，用于加工的海水产品 2 091.79 万吨、同比下降 0.34%，用于加工的淡水产品 558.17 万吨、同比增长 0.68%。

据海关总署统计，2019 年，我国水产品进出口总量1 053.32 万吨、进出口总额 393.59 亿美元，同比分别增长 10.28%和 5.42%。其中，出口量426.79 万吨、出口额 206.58 亿美元，同比分别下降 1.38%和 7.96%；进口量 626.52 万吨、进口额 187.01 亿美元，同比分别增长 19.94%和 25.57%。贸易顺差 19.57 亿美元，比上年同期减少 55.93 亿美元。

八、渔业灾情

2019 年，由于渔业灾情造成水产品产量损失 84.22 万吨，受灾养殖面积 741.83 千公顷，沉船 199 艘，死亡、失踪和重伤人数 8 人，直接经济损失 156.37 亿元。

2015—2019 年主要统计指标统计图

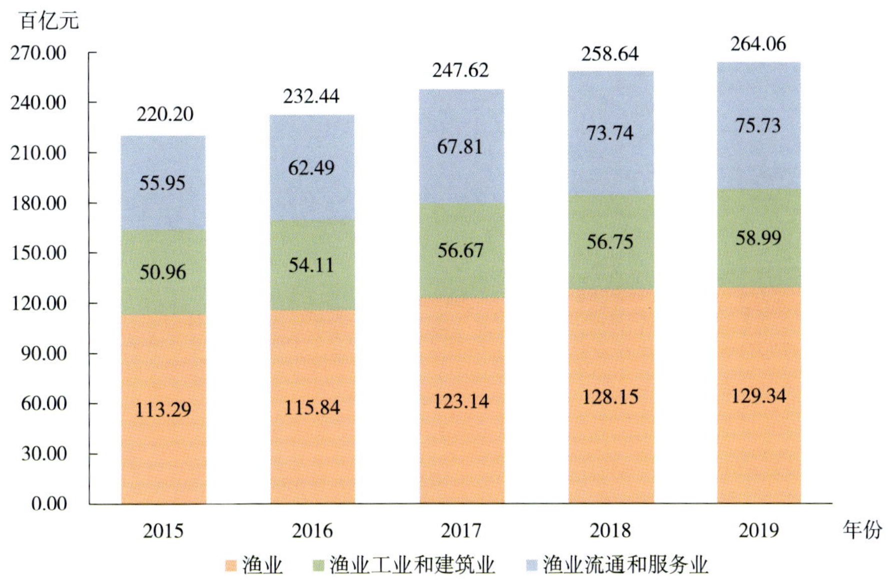

图 1　2015—2019 年全国渔业经济总产值及构成

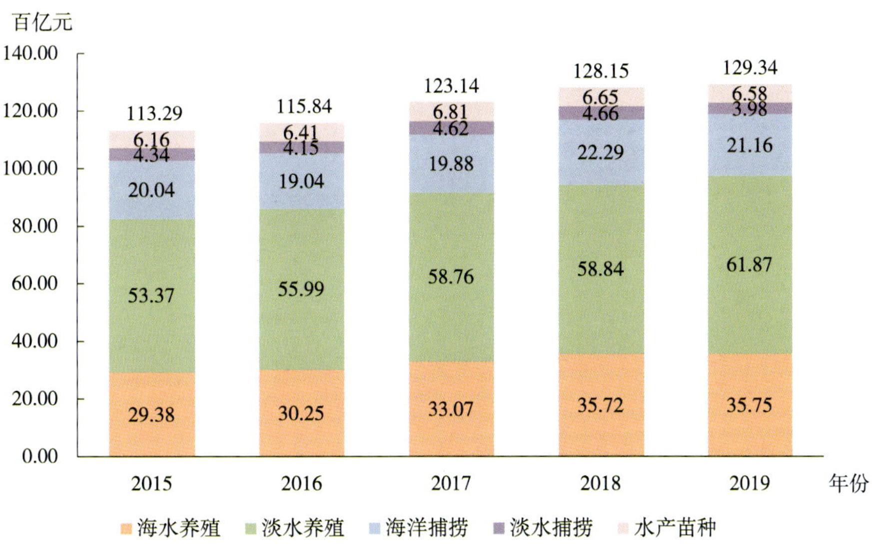

图 2　2015—2019 年全国渔业产值及构成

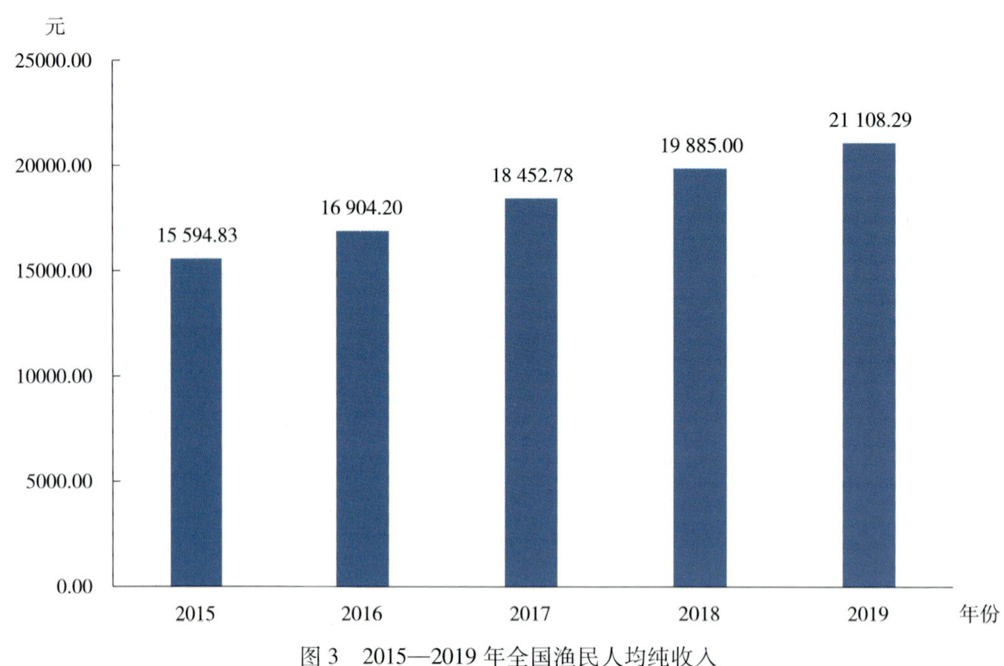

图 3　2015—2019 年全国渔民人均纯收入

0.58%
3.54%
6.10%
89.78%

家庭经营收入
工资性收入
财产性净收入
转移性收入

图 4　2019 年全国渔民家庭人均总收入构成

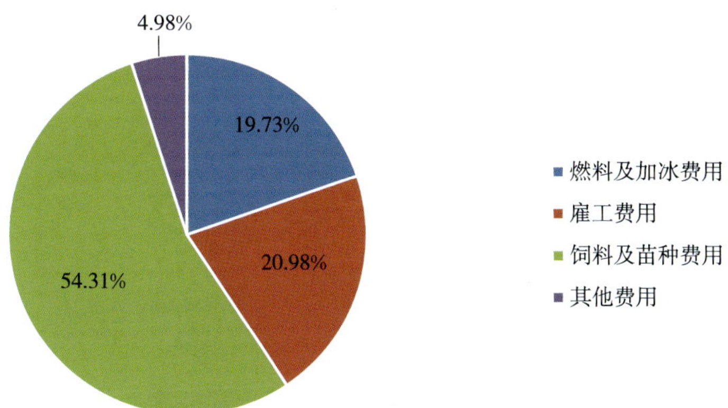

图 5　2019 年全国渔民家庭经营渔业人均支出构成

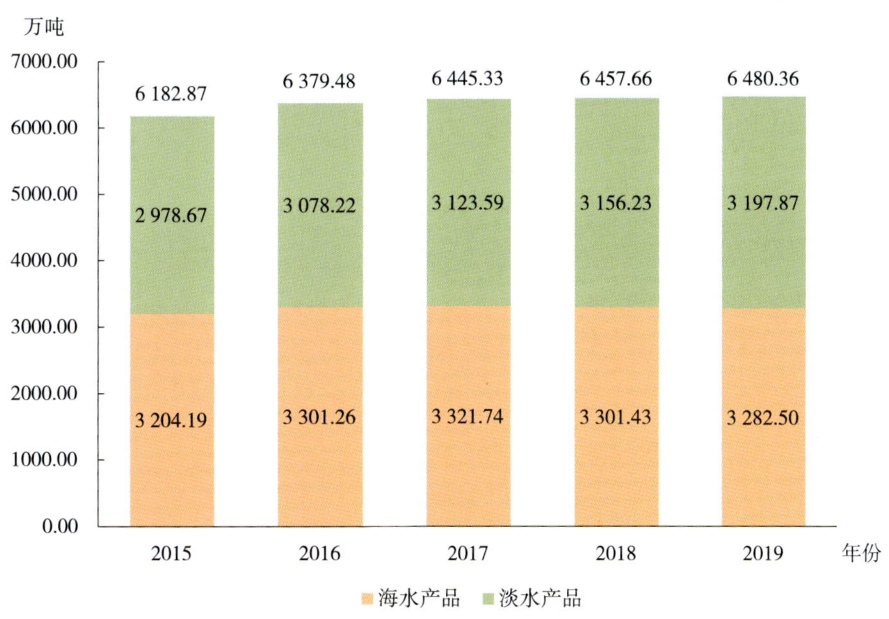

图 6　2015—2019 年全国水产品产量及构成

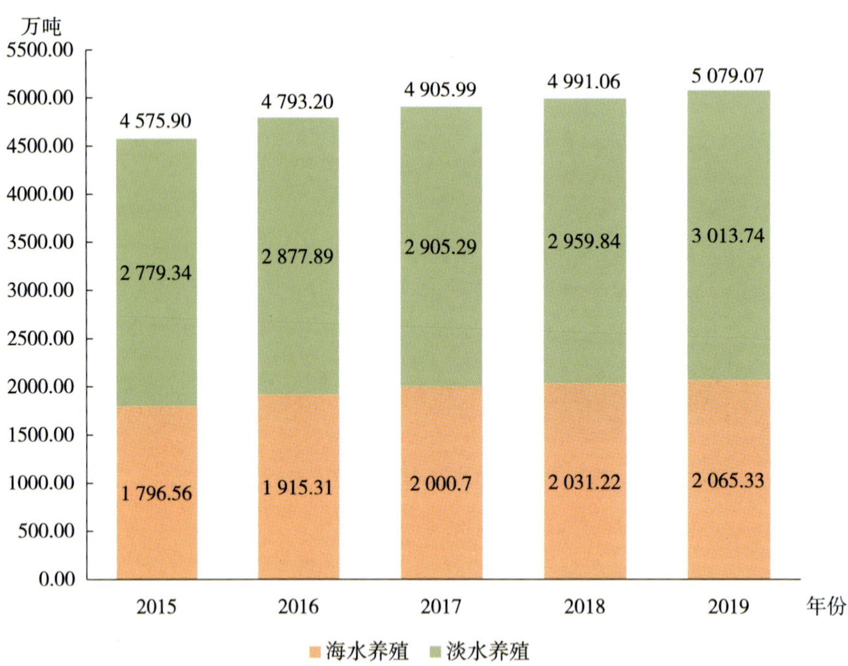

图 7 2015—2019 年全国养殖产品产量及构成

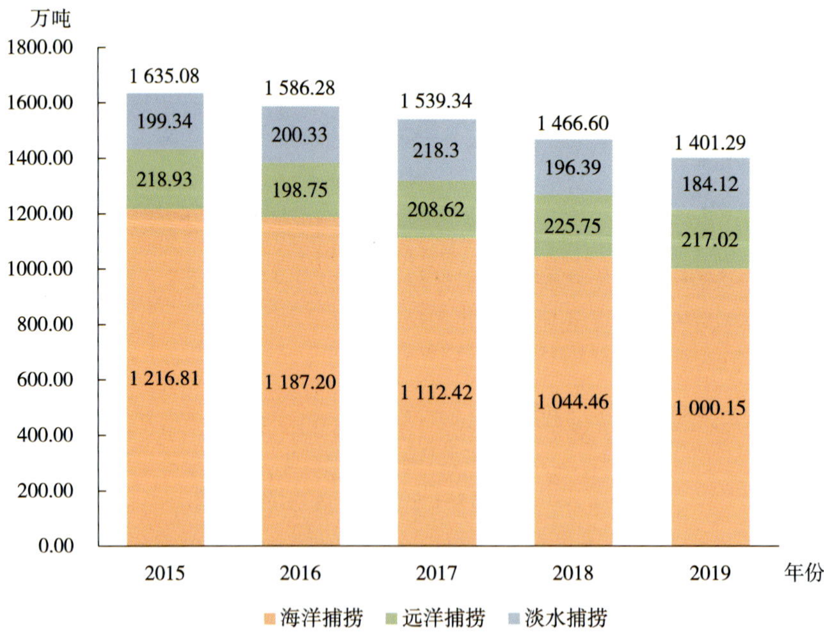

图 8 2015—2019 年全国捕捞产品产量及构成

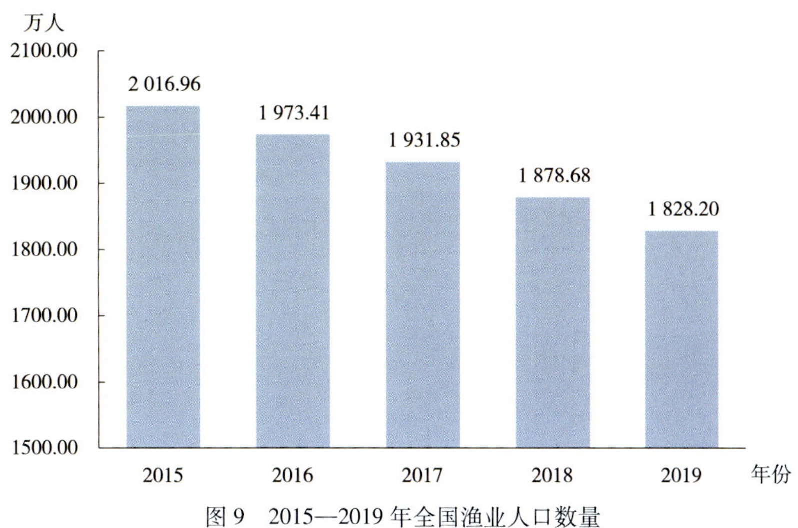

图 9　2015—2019 年全国渔业人口数量

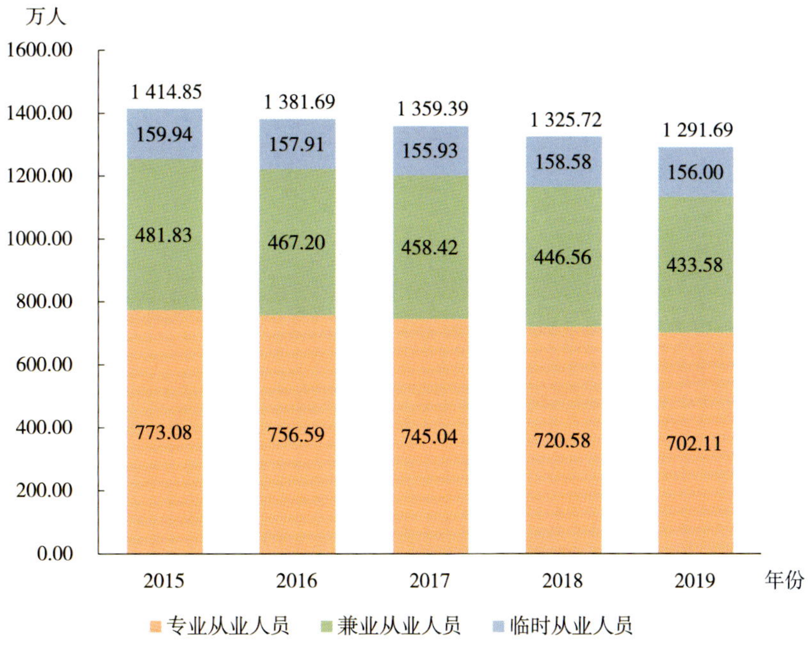

图 10　2015—2019 年全国渔业从业人员数量及构成

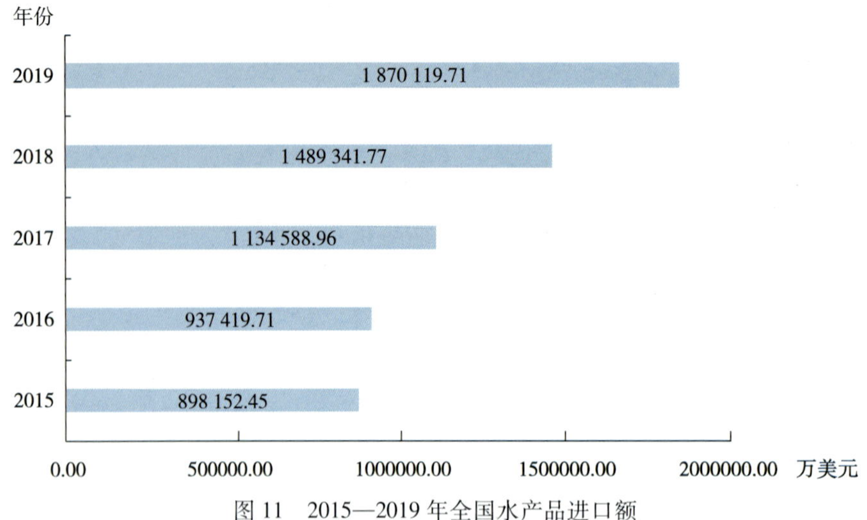

图 11　2015—2019 年全国水产品进口额

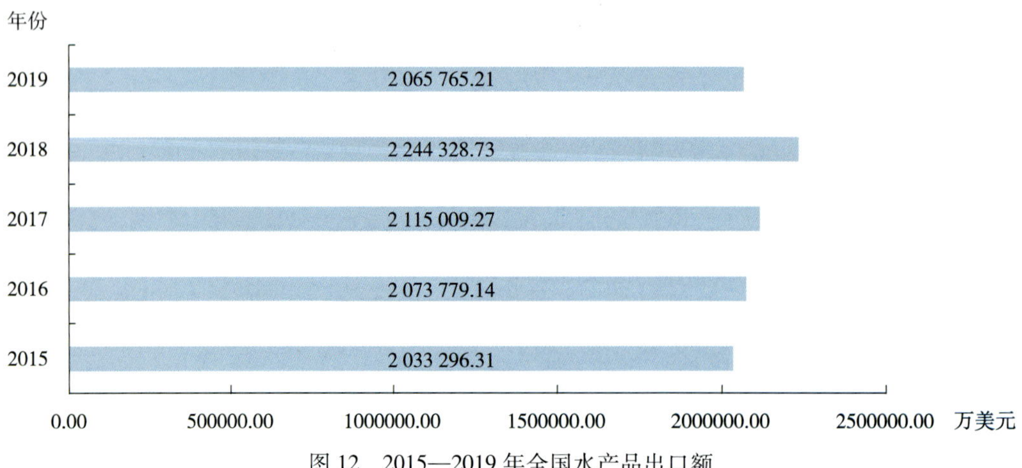

图 12　2015—2019 年全国水产品出口额

目　　录

第一部分

经济核算

1-1　总产值

全国渔业经济总产值
（按当年价格计算）

单位:万元

指　　标	2019 年	2018 年	2019 年比 2018 年增减(±)
渔业经济总产值	**264 064 971.47**	**258 644 732.15**	**5 420 239.32**
1. 渔业	129 344 905.31	128 154 129.31	1 190 776.00
其中:海水养殖	35 752 877.65	35 720 005.13	32 872.52
淡水养殖	61 865 997.32	58 842 681.35	3 023 315.97
海洋捕捞	21 160 229.84	22 287 573.77	-1 127 343.93
淡水捕捞	3 980 895.96	4 657 715.05	-676 819.09
水产苗种	6 584 904.54	6 646 154.01	-61 249.47
2. 渔业工业和建筑业	58 991 718.57	56 750 934.70	2 240 783.87
其中:水产品加工	44 646 079.21	43 367 909.15	1 278 170.06
渔用机具制造	3 792 916.75	3 848 943.61	-56 026.86
其中:渔船渔机修造	2 337 259.60	2 311 046.24	26 213.36
渔用绳网制造	1 282 381.00	1 361 687.19	-79 306.19
渔用饲料	7 378 617.49	6 471 452.71	907 164.78
渔用药物	211 431.69	194 976.24	16 455.45
建筑业	2 087 174.64	1 936 329.03	150 845.61
其他	875 498.79	931 323.96	-55 825.17
3. 渔业流通和服务业	75 728 347.59	73 739 668.14	1 988 679.45
其中:水产流通	59 741 538.89	58 392 955.22	1 348 583.67
水产(仓储)运输	4 241 603.22	4 128 041.97	113 561.25
休闲渔业	9 636 785.82	9 022 548.17	614 237.65
其他	2 108 419.66	2 196 122.78	-87 703.12

各地区渔业经济总产值、渔业产值
（按当年价格计算）

单位:万元

地区	2019年		2019年比2018年增减(±)		渔业产值占农业产值比重(%)
	渔业经济总产值	其中:渔业产值	渔业经济总产值	其中:渔业产值	
全国总计	**264 064 971.47**	**129 344 905.31**	**5 420 239.32**	**1 190 776.00**	**10.1**
北京	250 005.00	43 343.82	-46 320.46	-18 287.33	1.9
天津	768 385.05	734 005.00	-32 374.95	-2 914.00	18.0
河北	2 794 057.46	2 276 606.82	148 143.50	55 664.82	3.5
山西	98 517.56	70 727.40	7 064.20	94.70	0.4
内蒙古	263 383.39	186 064.58	-8 392.36	-9 937.93	0.9
辽宁	13 299 956.00	6 522 229.00	246 306.00	147 357.00	15.3
吉林	1 454 813.00	417 893.63	84 583.00	11 309.42	1.6
黑龙江	1 488 271.80	1 284 626.70	195 940.70	184 340.70	2.1
上海	583 900.45	517 034.90	-56 951.30	-10 791.60	19.2
江苏	29 577 768.44	16 578 688.42	-4 282 106.53	-1 284 474.55	23.2
浙江	22 326 304.00	11 017 107.00	511 712.00	376 208.00	32.7
安徽	8 902 938.12	5 539 922.30	356 955.31	265 984.41	10.1
福建	32 349 599.63	14 123 981.28	1 348 485.18	478 227.03	29.4
江西	10 512 387.47	5 158 602.57	211 636.74	39 596.37	13.7
山东	41 231 837.76	14 740 419.01	-98 892.24	-841 750.99	14.4
河南	2 047 045.20	1 299 897.00	-233 171.80	-48 656.00	1.4
湖北	26 949 009.00	12 529 320.00	1 055 852.00	477 288.00	17.3
湖南	6 707 767.41	4 688 495.90	651 761.34	259 145.52	6.9
广东	36 239 420.50	14 584 612.84	1 714 049.70	430 737.08	21.0
广西	9 249 389.62	5 656 285.83	2 668 230.00	332 635.46	9.7
海南	5 845 163.00	4 174 429.00	185 506.04	77 721.27	23.0
重庆	1 805 307.00	1 170 883.00	115 291.00	54 091.00	4.5
四川	5 041 449.62	2 920 697.29	623 490.17	203 779.81	3.3
贵州	685 694.35	631 985.01	75 429.35	51 490.94	1.5
云南	1 657 844.90	1 030 204.65	-45 150.55	-23 281.44	2.1
西藏	2 316.13	2 316.13	-1 337.17	-617.17	0.1
陕西	542 012.12	298 266.93	21 559.12	1 590.93	0.9
甘肃	25 737.55	22 823.76	3 282.38	3 372.30	0.1
青海	78 450.00	60 650.00	22 446.30	4 646.30	0.9
宁夏	366 688.19	196 257.12	-22 601.53	-24 585.78	3.3
新疆	327 919.75	274 896.42	-19 527.82	-18 550.27	0.7
中农发集团	591 632.00	591 632.00	19 342.00	19 342.00	

各地区渔业经济总产值
(按当年价格计算)(一)

单位:万元

地 区	总 计	一、渔业产值			
		合 计	海水养殖	淡水养殖	海洋捕捞
全国总计	**264 064 971.47**	**129 344 905.31**	**35 752 877.65**	**61 865 997.32**	**21 160 229.84**
北 京	250 005.00	43 343.82		27 358.02	5 958.00
天 津	768 385.05	734 005.00	38 637.00	493 202.00	171 959.00
河 北	2 794 057.46	2 276 606.82	1 102 362.45	487 267.03	468 973.55
山 西	98 517.56	70 727.40		64 738.80	
内蒙古	263 383.39	186 064.58		153 376.14	
辽 宁	13 299 956.00	6 522 229.00	3 531 084.00	1 232 771.00	1 104 636.00
吉 林	1 454 813.00	417 893.63		338 401.00	
黑龙江	1 488 271.80	1 284 626.70		1 106 109.00	
上 海	583 900.45	517 034.90		244 721.13	254 316.69
江 苏	29 577 768.44	16 578 688.42	2 005 132.00	11 588 033.38	1 611 839.40
浙 江	22 326 304.00	11 017 107.00	2 276 600.00	2 385 085.00	5 821 605.00
安 徽	8 902 938.12	5 539 922.30		4 488 163.20	
福 建	32 349 599.63	14 123 981.28	8 204 435.15	1 837 904.25	3 418 732.85
江 西	10 512 387.47	5 158 602.57		4 315 453.64	
山 东	41 231 837.76	14 740 419.01	8 884 061.05	1 932 567.02	2 997 794.35
河 南	2 047 045.20	1 299 897.00		1 113 067.00	
湖 北	26 949 009.00	12 529 320.00		11 254 800.00	
湖 南	6 707 767.41	4 688 495.90		4 322 249.98	
广 东	36 239 420.50	14 584 612.84	6 218 722.00	6 350 472.00	1 484 156.00
广 西	9 249 389.62	5 656 285.83	2 328 392.00	1 921 870.00	1 052 349.00
海 南	5 845 163.00	4 174 429.00	1 163 452.00	531 170.00	2 176 278.00
重 庆	1 805 307.00	1 170 883.00		955 057.00	
四 川	5 041 449.62	2 920 697.29		2 513 208.47	
贵 州	685 694.35	631 985.01		560 606.37	
云 南	1 657 844.90	1 030 204.65		892 147.54	
西 藏	2 316.13	2 316.13		2 112.00	
陕 西	542 012.12	298 266.93		263 813.60	
甘 肃	25 737.55	22 823.76		22 198.73	
青 海	78 450.00	60 650.00		60 650.00	
宁 夏	366 688.19	196 257.12		165 233.97	
新 疆	327 919.75	274 896.42		242 190.05	
中农发集团	591 632.00	591 632.00			591 632.00

各地区渔业经济总产值
（按当年价格计算）（二）

单位：万元

地区	一、渔业产值（续）		二、渔业工业和建筑业		
	淡水捕捞	水产苗种	合计	水产品加工	渔用机具制造
					小计
全国总计	**3 980 895.96**	**6 584 904.54**	**58 991 718.57**	**44 646 079.21**	**3 792 916.75**
北京	2 697.80	7 330.00	8 858.26	7 461.71	
天津	10 393.00	19 814.00	7 265.80	1 195.00	
河北	66 842.97	151 160.82	335 471.69	293 370.50	9 787.00
山西	4 351.30	1 637.30	8 939.49	7 000.00	
内蒙古	22 214.94	10 473.50	15 817.00	15 817.00	
辽宁	73 140.00	580 598.00	3 301 273.00	2 809 834.00	108 036.00
吉林	62 823.00	16 669.63	624 194.48	623 297.48	220.00
黑龙江	125 335.00	53 182.70	54 447.00	34 340.00	
上海	1 739.28	16 257.80	60 827.25	60 827.25	
江苏	761 292.12	612 391.52	4 178 986.93	2 388 689.60	199 114.90
浙江	326 015.00	207 802.00	5 543 638.00	4 537 385.00	288 666.00
安徽	646 401.70	405 357.40	1 252 253.97	498 529.64	611 666.20
福建	155 682.75	507 226.28	12 474 564.31	11 047 925.00	700 393.82
江西	449 799.36	393 349.57	3 008 713.36	2 179 269.75	42 003.62
山东	159 577.59	766 419.00	14 088 578.00	11 248 008.00	1 585 128.00
河南	68 533.00	118 297.00	205 250.00	39 681.00	1 082.00
湖北	272 000.00	1 002 520.00	5 576 807.00	4 147 448.00	15 278.00
湖南	95 750.02	270 495.90	803 416.71	380 952.69	65 497.50
广东	176 524.00	354 738.84	4 211 673.86	2 358 727.17	74 062.73
广西	86 702.00	266 972.83	1 309 345.44	718 821.90	65 603.17
海南	23 777.00	279 752.00	1 258 757.00	1 168 939.00	23 402.00
重庆	97 920.00	117 906.00	111 750.00	9 365.00	2 040.00
四川	121 525.96	285 962.86	281 781.75	12 573.00	222.00
贵州	34 736.77	36 641.87	3 613.00	3 562.50	
云南	86 925.40	51 131.71	134 365.26	46 445.74	26.81
西藏	204.13				
陕西	12 306.67	22 146.66	50 846.59	35.19	179.00
甘肃		625.03	11.00		
青海			17 800.00		
宁夏	9 346.05	21 677.10	38 382.13		
新疆	26 339.15	6 367.22	24 090.29	6 578.09	508.00
中农发集团					

各地区渔业经济总产值
（按当年价格计算）（三）

单位：万元

地　　区	二、渔业工业和建筑业（续）					
	渔用机具制造（续）		渔用饲料	渔用药物	建　筑	其　他
	渔船渔机修造	渔用绳网制造				
全国总计	**2 337 259.60**	**1 282 381.00**	**7 378 617.49**	**211 431.69**	**2 087 174.64**	**875 498.79**
北　　京			1 226.55	170.00		
天　　津			3 260.00		2 810.80	
河　　北	8 167.00	1 300.00	29 498.00		2 034.00	782.19
山　　西			354.15	1 585.34		
内 蒙 古						
辽　　宁	69 091.00	28 808.00	185 170.00	11 051.00	156 458.00	30 724.00
吉　　林	45.00	44.00	645.00	32.00		
黑 龙 江			18 392.00	775.00	930.00	10.00
上　　海						
江　　苏	104 750.30	79 785.60	1 301 233.43	77 575.00	134 511.00	77 863.00
浙　　江	166 270.00	114 420.00	505 704.00	2 983.00	103 063.00	105 837.00
安　　徽	10 259.51	601 406.69	120 628.28	9 863.00	9 278.85	2 288.00
福　　建	638 742.72	59 171.10	485 340.00	1 939.00	61 083.86	177 882.63
江　　西	24 049.34	17 954.28	521 044.65	15 278.27	211 532.27	39 584.80
山　　东	1 161 372.00	299 208.00	173 333.00	10 519.00	671 507.00	400 083.00
河　　南	17.50	1 064.50	157 960.00	3 612.00	1 978.00	937.00
湖　　北	1 782.00	12 414.00	989 855.00	23 407.00	397 553.00	3 266.00
湖　　南	26 044.08	39 453.41	265 782.50	29 227.83	54 115.39	7 840.80
广　　东	44 673.78	18 320.91	1 697 222.04	7 333.01	52 695.42	21 633.49
广　　西	64 072.67	1 339.40	383 304.11	6 339.34	135 123.00	153.92
海　　南	16 532.00	6 836.00	59 447.00	2 034.00	2 226.00	2 709.00
重　　庆	649.00	765.00	81 721.00	1 359.00	16 772.00	493.00
四　　川	222.00		225 962.05	3 840.00	39 181.70	3.00
贵　　州			35.50	15.00		
云　　南	6.70	20.11	81 178.60	935.90	4 328.15	1 450.06
西　　藏						
陕　　西	15.00	60.00	19 700.70	461.50	28 875.20	1 595.00
甘　　肃					11.00	
青　　海			17 800.00			
宁　　夏			38 382.13			
新　　疆	498.00	10.00	14 437.80	1 096.50	1 107.00	362.90
中农发集团						

各地区渔业经济总产值
（按当年价格计算）（四）

单位：万元

地　　区	三、渔业流通和服务业				
	合　计	水产流通	水产（仓储）运输	休闲渔业	其　他
全国总计	**75 728 347.59**	**59 741 538.89**	**4 241 603.22**	**9 636 785.82**	**2 108 419.66**
北　京	197 802.92	167 536.98	5 153.36	25 112.58	
天　津	27 114.25	600.00	900.00	22 857.65	2 756.60
河　北	181 978.95	49 221.45	17 676.00	86 250.13	28 831.37
山　西	18 850.67	11 918.15	832.50	6 090.02	10.00
内 蒙 古	61 501.81	26 021.75	3 919.20	31 560.86	
辽　宁	3 476 454.00	2 430 069.00	384 712.00	437 525.00	224 148.00
吉　林	412 724.89	144 769.22	7 204.70	259 219.97	1 531.00
黑 龙 江	149 198.10	72 827.00	5 646.00	68 625.10	2 100.00
上　海	6 038.30	30.00		6 008.30	
江　苏	8 820 093.09	7 494 801.87	349 575.02	705 343.00	270 373.20
浙　江	5 765 559.00	4 843 817.00	253 486.00	307 340.00	360 916.00
安　徽	2 110 761.85	1 568 705.27	138 768.43	373 310.60	29 977.55
福　建	5 751 054.04	5 112 656.11	266 183.35	107 840.92	264 373.66
江　西	2 345 071.54	1 919 021.29	109 579.63	270 189.29	46 281.33
山　东	12 402 840.75	7 316 007.00	1 591 097.00	2 917 319.75	578 417.00
河　南	541 898.20	385 278.94	72 662.30	81 874.96	2 082.00
湖　北	8 842 882.00	7 136 111.00	410 304.00	1 268 113.00	28 354.00
湖　南	1 215 854.80	682 900.13	156 488.36	265 178.42	111 287.89
广　东	17 443 133.80	16 108 430.43	62 223.84	1 188 080.00	84 399.53
广　西	2 283 758.35	2 087 196.93	126 378.99	50 506.74	19 675.69
海　南	411 977.00	161 534.00	15 915.00	209 788.00	24 740.00
重　庆	522 674.00	294 571.00	37 475.00	181 169.00	9 459.00
四　川	1 838 970.58	1 151 820.32	178 531.89	501 149.64	7 468.73
贵　州	50 096.34	6 007.00	976.00	42 812.34	301.00
云　南	493 274.99	343 643.94	21 812.93	123 141.49	4 676.63
西　藏					
陕　西	192 898.60	111 149.95	8 659.29	67 682.80	5 406.56
甘　肃	2 902.79	107.88	73.57	2 719.02	2.32
青　海					
宁　夏	132 048.94	101 974.49	12 120.11	17 410.74	543.60
新　疆	28 933.04	12 810.79	3 248.75	12 566.50	307.00
中农发集团					

1-2　渔民家庭收支

全国渔民人均纯收入

单位:元

地　　区	2019 年	2018 年	2019 年比 2018 年增减(±)	
			绝对量	幅度(%)
全　　国	**21 108.29**	**19 885.00**	**1 223.29**	**6.15**
北　　京	11 129.67	19 299.44	-8 169.77	-42.33
天　　津	27 996.42	25 823.05	2 173.37	8.42
河　　北	18 443.26	16 790.71	1 652.55	9.84
山　　西	10 954.96	8 747.45	2 207.51	25.24
内 蒙 古	13 320.22	12 776.73	543.49	4.25
辽　　宁	19 582.95	18 957.55	625.40	3.30
吉　　林	15 515.74	14 021.47	1 494.27	10.66
黑 龙 江	19 724.58	18 157.12	1 567.46	8.63
上　　海	28 668.72	28 583.68	85.04	0.30
江　　苏	28 745.03	26 954.67	1 790.36	6.64
浙　　江	29 852.62	27 637.41	2 215.21	8.02
安　　徽	17 867.65	16 919.73	947.92	5.60
福　　建	23 002.62	21 417.11	1 585.51	7.40
江　　西	16 020.46	14 794.83	1 225.63	8.28
山　　东	23 521.36	22 427.12	1 094.24	4.88
河　　南	16 127.64	14 999.88	1 127.76	7.52
湖　　北	20 466.69	19 165.34	1 301.35	6.79
湖　　南	16 771.80	16 411.11	360.69	2.20
广　　东	21 996.75	20 287.12	1 709.63	8.43
广　　西	22 595.47	21 969.43	626.04	2.85
海　　南	15 099.11	15 950.95	-851.84	-5.34
重　　庆	19 247.20	18 675.63	571.57	3.06
四　　川	19 515.53	18 494.80	1 020.73	5.52
贵　　州	12 282.21	11 511.37	770.84	6.70
云　　南	18 777.18	16 394.52	2 382.66	14.53
西　　藏				
陕　　西	15 050.21	14 891.99	158.22	1.06
甘　　肃	9 255.93	9 007.75	248.18	2.76
青　　海	17 071.25	15 337.37	1 733.88	11.30
宁　　夏	14 139.30	12 865.39	1 273.91	9.90
新　　疆	18 469.55	18 609.24	-139.69	-0.75

各地区渔民家庭收支调查(一)

单位:元/人

地区	一、家庭总收入	(一)家庭经营收入	其中:经营渔业	(二)工资性收入	其中:渔业	(三)财产性净收入	其中 1. 红利收入
全国	**72 537.77**	**65 125.61**	**61 040.99**	**4 426.01**	**1 601.05**	**421.10**	**76.93**
北京	49 341.21	42 774.79	41 770.68	5 527.12	144.02	116.00	1.37
天津	205 622.09	194 635.52	189 707.30	7 466.10	3 565.93	1 255.53	
河北	150 963.11	143 872.65	142 035.66	2 060.27	1 649.06	196.17	
山西	66 262.84	65 686.63	63 977.66	245.42	36.63	302.51	274.74
内蒙古	43 710.73	41 083.82	29 333.71	1 327.24	212.82	73.29	
辽宁	76 655.31	67 900.17	62 539.75	4 321.42	1 759.84	584.43	76.17
吉林	40 732.94	39 458.20	31 861.47	781.34	50.13	168.44	
黑龙江	113 113.82	110 568.11	100 389.61	1 097.04	407.50	627.32	9.91
上海	140 245.38	125 338.29	124 142.73	5 156.66	110.92	1 012.66	
江苏	120 975.08	108 466.76	105 537.85	6 130.08	940.01	1 288.94	96.69
浙江	99 004.63	82 357.10	78 346.18	11 819.39	5 266.19	792.52	199.40
安徽	58 896.97	53 733.87	48 667.25	3 360.44	667.54	360.08	17.25
福建	76 652.90	69 365.73	66 596.64	4 186.57	2 007.13	420.89	276.93
江西	62 991.38	57 402.16	52 979.69	2 737.56	635.95	228.49	71.01
山东	101 249.95	92 351.41	88 816.92	3 179.60	1 351.80	806.22	62.32
河南	42 042.72	36 558.06	32 778.07	4 187.80	758.61	412.99	26.05
湖北	42 593.03	33 812.71	30 062.98	5 908.19	1 311.22	203.30	
湖南	43 738.34	38 184.58	32 782.46	3 404.84	1 248.79	303.94	174.45
广东	52 590.10	44 034.18	41 806.18	6 355.72	2 644.29	136.47	98.69
广西	67 348.37	57 480.62	53 260.10	6 901.74	3 040.85	338.93	27.41
海南	41 259.07	37 296.69	34 371.07	2 914.00	86.96	111.64	
重庆	92 320.36	86 936.80	81 650.09	4 348.58	1 114.79	140.52	37.11
四川	50 641.23	44 190.51	40 990.94	4 039.47	911.12	255.08	61.87
贵州	22 352.71	19 044.24	16 116.14	2 187.01	614.80	19.19	
云南	95 707.91	92 610.05	86 527.54	2 491.65	1 977.45	284.01	38.77
西藏							
陕西	127 588.37	114 023.08	109 518.10	10 406.33	2 737.56	1 416.29	391.40
甘肃	31 614.95	29 664.70	23 813.30	1 386.17	830.58	107.30	7.30
青海	26 876.63	21 608.63	13 926.32	5 136.53	2 303.89		
宁夏	112 292.58	110 106.72	108 299.24	1 675.16	878.98		
新疆	138 473.62	130 237.29	124 948.56	7 146.02	5 929.20	264.60	15.49

各地区渔民家庭收支调查(二)

单位:元/人

地区	一、家庭总收入(续)						二、家庭经营费用支出
	(三)财产净收入(续) 其中(续) 2. 转让经营权租金收入	(四)转移性收入	1. 生产补贴(惠农补贴)	其中:渔业补贴	2. 社会救济或政策性生活补贴	3. 其他转移性收入	
全国	**129.88**	**2 565.05**	**1 464.84**	**1 368.67**	**53.63**	**1 046.58**	**46 710.47**
北京	89.04	923.28	91.32	91.32	119.63	712.32	31 184.74
天津	936.81	2 264.95	202.75		218.59	1 843.60	158 333.23
河北	98.85	4 834.02	4 360.59	4 308.82	252.12	221.31	110 207.41
山西	9.16	28.28	7.33	3.66		20.95	52 209.67
内蒙古	64.39	1 226.37	458.11	116.02		768.26	25 312.02
辽宁	170.95	3 849.29	2 832.20	2 628.60	35.41	981.67	52 323.54
吉林	44.33	324.96	160.37	5.67	7.77	156.82	21 436.73
黑龙江	546.89	821.35	392.91	90.89	1.38	427.05	87 092.65
上海	15.36	8 737.76	7 150.74	7 029.01	40.14	1 546.89	97 756.57
江苏	258.09	5 089.30	2 529.11	2 479.19	89.29	2 470.89	79 203.18
浙江	299.55	4 035.61	2 638.94	2 482.81	69.33	1 327.33	58 752.22
安徽	198.96	1 442.56	215.92	27.61	19.36	1 207.28	33 939.16
福建	29.23	2 679.72	1 940.31	1 933.33	37.34	702.07	48 604.64
江西	95.02	2 623.17	250.11	149.24	45.80	2 327.26	43 105.41
山东	294.20	4 912.72	3 863.17	3 852.99	96.56	952.98	67 158.18
河南	32.13	883.87	90.51	38.99	7.82	785.53	23 929.77
湖北	49.19	2 668.84	205.13	30.48	97.73	2 365.98	20 237.62
湖南	20.85	1 844.97	133.73	73.10	148.76	1 562.48	24 131.46
广东	28.45	2 063.72	1 383.74	1 331.66	19.83	660.14	28 117.29
广西	238.39	2 627.09	1 412.92	1 410.01	35.55	1 178.62	39 096.13
海南		936.74	641.92	641.92	28.67	266.15	24 980.48
重庆	6.71	894.45	206.42	114.64	42.82	645.20	60 900.65
四川	80.82	2 156.17	223.00	169.31	32.71	1 900.46	27 259.32
贵州	13.17	1 102.27	829.30	818.61		272.97	9 690.10
云南	140.19	322.19	97.47	58.30	7.14	217.58	70 455.20
西藏							
陕西	45.25	1 742.67	555.66	79.64	22.99	1 164.02	98 748.19
甘肃		456.79	25.88		25.88	405.03	17 590.91
青海		131.47			26.21	105.26	7 760.11
宁夏		510.70				510.70	95 049.46
新疆		825.71	442.52	442.52	19.91	363.27	107 527.12

各地区渔民家庭收支调查(三)

单位:元/人

地区	二、家庭经营费用支出(续)					三、生产性固定资产折旧	
	其中:经营渔业支出	(1)燃料及冰费用	(2)雇工费用	(3)饲料及苗种费用	(4)其他费用		其中:渔业固定资产折旧
全国	**45 254.31**	**8 928.50**	**9 495.23**	**24 577.39**	**2 253.19**	**2 844.64**	**2 540.94**
北京	31 084.00	5 053.20	1 149.22	24 653.11	228.47	4 951.69	2 635.40
天津	156 610.18	9 082.52	9 971.40	135 444.50	2 111.76	2 213.82	2 149.72
河北	109 358.29	16 282.17	42 791.76	44 714.45	5 569.91	5 380.35	5 297.56
山西	51 571.00	5 407.25	4 546.61	39 774.18	1 842.96	1 747.73	1 735.64
内蒙古	20 156.00	1 944.76	2 287.04	15 315.48	608.71	4 261.40	1 914.96
辽宁	50 188.89	13 784.86	13 405.04	20 900.80	2 098.20	2 466.49	2 274.49
吉林	19 733.99	2 455.94	2 878.71	12 889.15	1 510.18	1 662.26	1 181.44
黑龙江	82 379.53	6 345.65	6 251.58	68 267.46	1 514.84	2 213.69	1 310.60
上海	97 732.68	15 171.43	16 562.61	57 285.35	8 713.29	3 806.07	3 596.74
江苏	78 029.69	14 687.35	19 353.38	40 403.46	3 585.50	5 488.51	5 411.98
浙江	57 939.74	15 657.26	13 337.04	24 988.44	3 957.00	5 616.19	4 788.82
安徽	31 808.62	1 738.21	3 897.78	24 278.30	1 894.33	1 005.00	819.36
福建	47 256.71	12 514.34	9 577.34	22 611.31	2 553.71	4 419.47	4 344.66
江西	40 297.64	2 609.83	2 522.95	33 542.47	1 622.38	473.96	409.69
山东	65 898.22	18 691.68	25 891.50	16 942.79	4 372.25	8 069.19	7 327.22
河南	23 228.56	1 800.73	1 227.74	19 377.65	822.44	732.71	524.73
湖北	19 352.11	1 002.46	1 059.35	16 220.12	1 070.19	739.62	497.13
湖南	22 715.69	2 352.70	2 048.88	17 036.71	1 277.40	1 035.35	716.79
广东	27 089.25	13 600.50	8 258.06	4 512.41	718.29	2 307.88	2 230.41
广西	37 981.83	17 692.73	4 533.51	14 689.63	1 065.96	4 079.80	3 977.89
海南	23 441.11	6 975.97	2 566.25	12 477.01	1 421.88	1 179.48	1 167.51
重庆	58 328.40	4 400.57	4 173.60	47 016.33	2 737.90	3 859.07	3 500.62
四川	26 406.00	1 198.22	1 363.68	21 901.26	1 942.84	1 074.38	935.90
贵州	8 783.72	825.44	1 942.00	5 659.68	356.60	286.02	203.74
云南	68 074.66	3 047.49	4 723.73	58 177.55	2 125.90	1 010.82	867.83
西藏							
陕西	96 552.26	5 904.98	8 900.45	78 587.10	3 159.73	4 038.85	3 495.87
甘肃	16 872.98	2 708.40	1 153.94	12 319.56	691.07	4 324.25	3 304.30
青海	7 749.47	407.37	1 347.37	5 994.74		1 985.28	1 280.35
宁夏	94 746.59	5 320.45	4 612.71	66 857.71	17 955.73	2 061.34	454.78
新疆	106 356.56	8 776.43	9 367.83	84 027.16	4 185.14	7 359.88	7 157.82

各地区渔民家庭收支调查(四)

单位:元/人

地 区	四、税费支出	其中:渔业税费支出	五、转移性支出	六、纯收入	其中:渔业纯收入	七、可支配收入	八、生活消费支出
全 国	**2 921.64**	**2 812.44**	**1 299.13**	**21 108.29**	**14 101.70**	**20 159.54**	**9 955.41**
北 京	2 024.29	2 024.29	757.84	11 129.67	6 262.33	10 422.65	11 809.64
天 津	16 770.97	15 452.29	1 640.45	27 996.42	19 061.05	26 663.63	14 402.77
河 北	16 248.61	16 240.96	1 096.77	18 443.26	17 096.72	18 029.97	13 102.74
山 西	1 270.23	1 140.19	895.73	10 954.96	9 571.12	10 139.48	7 101.45
内蒙古	658.99	587.07	1 363.52	13 320.22	7 004.52	12 114.80	10 654.63
辽 宁	2 153.68	1 839.52	1 774.67	19 582.95	12 625.28	17 936.92	10 775.32
吉 林	1 950.78	1 947.18	426.45	15 515.74	9 054.66	15 256.73	7 518.62
黑龙江	3 557.69	3 169.53	530.14	19 724.58	14 028.34	19 719.65	9 685.23
上 海	10 014.02	10 014.02	858.66	28 668.72	19 939.22	27 810.06	11 291.46
江 苏	6 941.01	6 670.71	2 518.62	28 745.03	18 844.67	26 823.75	11 774.40
浙 江	4 553.56	4 460.64	2 870.77	29 852.62	18 905.98	27 211.88	15 848.66
安 徽	5 158.14	5 010.67	1 389.81	17 867.65	11 723.75	17 404.84	10 040.02
福 建	605.03	592.85	815.38	23 002.62	18 342.88	22 208.38	10 090.72
江 西	1 880.37	1 779.96	1 093.67	16 020.46	11 277.59	16 437.97	11 177.70
山 东	1 641.27	1 624.88	1 555.23	23 521.36	19 171.39	22 826.08	11 797.94
河 南	1 035.96	924.45	801.81	16 127.64	8 897.93	15 542.47	7 142.95
湖 北	1 149.10	1 100.49	1 376.03	20 466.69	10 454.94	19 090.66	8 350.10
湖 南	975.82	853.46	1 250.68	16 771.80	9 818.41	16 345.04	9 898.29
广 东	155.75	146.08	1 006.48	21 996.75	16 316.40	21 002.71	8 718.54
广 西	1 509.47	1 505.78	1 479.88	22 595.47	14 245.46	21 183.09	11 503.53
海 南			410.30	15 099.11	10 491.32	14 688.81	9 430.19
重 庆	8 194.38	8 042.42	1 499.67	19 247.20	13 008.07	17 866.58	7 772.07
四 川	2 611.61	2 605.17	949.14	19 515.53	12 124.30	18 746.78	8 179.34
贵 州			340.32	12 282.21	8 562.08	12 036.26	4 887.15
云 南	5 325.60	5 212.67	1 327.74	18 777.18	14 408.14	17 588.53	8 818.94
西 藏							
陕 西	7 367.60	7 070.77	1 368.67	15 050.21	5 216.40	16 065.06	15 165.68
甘 肃	45.43	45.43	861.12	9 255.93	4 421.17	8 793.24	5 765.95
青 海	60.00		1.26	17 071.25	7 200.39	17 069.98	1 264.21
宁 夏	997.45	997.45	1 294.52	14 139.30	12 979.40	12 889.81	11 123.88
新 疆	4 626.73	4 626.73	1 610.35	18 469.55	13 179.19	17 349.54	10 076.47

第二部分

生　　产

2-1 水产品总产量

全国水产品总产量

单位:吨

指 标	2019 年	2018 年	2019 年比 2018 年增减(±)	
			绝对量	幅度(%)
全国总计	**64 803 616**	**64 576 558**	**227 058**	**0.35**
海水产品	32 824 954	33 014 303	-189 349	-0.57
淡水产品	31 978 662	31 562 255	416 407	1.32
养殖产量	50 790 728	49 910 590	880 138	1.76
海水养殖	20 653 287	20 312 206	341 081	1.68
淡水养殖	30 137 441	29 598 384	539 057	1.82
捕捞产量	14 012 888	14 665 968	-653 080	-4.45
海洋捕捞	10 001 515	10 444 647	-443 132	-4.24
远洋渔业	2 170 152	2 257 450	-87 298	-3.87
淡水捕捞	1 841 221	1 963 871	-122 650	-6.25
养殖产品中:鱼类	27 086 062	26 937 843	148 219	0.55
甲壳类	5 674 350	5 141 053	533 297	10.37
贝类	14 579 369	14 635 099	-55 730	-0.38
藻类	2 543 861	2 350 810	193 051	8.21
其他类	907 086	845 785	61 301	7.25
捕捞产品中:鱼类	8 212 746	8 633 096	-420 350	-4.87
甲壳类	2 152 753	2 238 009	-85 256	-3.81
贝类	616 773	642 451	-25 678	-4.00
藻类	17 445	18 349	-904	-4.93
头足类	569 204	569 944	-740	-0.13
其他类	273 815	306 669	-32 854	-10.71

各地区水产品产量(一)

单位:吨

地　　区	2019 年							
	总产量	1. 养殖产品小计	a. 海水养殖	b. 淡水养殖	2. 捕捞产品小计	a. 海洋捕捞	b. 远洋渔业	c. 淡水捕捞
全国总计	**64 803 616**	**50 790 728**	**20 653 287**	**30 137 441**	**14 012 888**	**10 001 515**	**2 170 152**	**1 841 221**
北　京	30 190	21 079		21 079	9 111		6 661	2 450
天　津	262 231	222 149	5 155	216 994	40 082	26 952	7 973	5 157
河　北	990 116	707 755	448 802	258 953	282 361	190 932	55 906	35 523
山　西	46 307	44 040		44 040	2 267			2 267
内 蒙 古	125 956	111 904		111 904	14 052			14 052
辽　宁	4 550 106	3 758 969	2 947 318	811 651	791 137	487 098	264 924	39 115
吉　林	236 626	217 501		217 501	19 125			19 125
黑 龙 江	648 300	608 300		608 300	40 000			40 000
上　海	280 277	83 555		83 555	196 722	12 592	183 137	993
江　苏	4 841 159	4 094 150	915 258	3 178 892	747 009	445 577	9 370	292 062
浙　江	5 767 227	2 441 611	1 270 357	1 171 254	3 325 616	2 723 652	442 155	159 809
安　徽	2 314 603	2 109 524		2 109 524	205 079			205 079
福　建	8 145 763	5 946 541	5 107 162	839 379	2 199 222	1 611 613	516 508	71 101
江　西	2 588 135	2 420 568		2 420 568	167 567			167 567
山　东	8 232 724	6 052 333	4 970 985	1 081 348	2 180 391	1 677 385	413 716	89 290
河　南	990 858	878 603		878 603	112 255			112 255
湖　北	4 695 432	4 533 682		4 533 682	161 750			161 750
湖　南	2 544 116	2 463 211		2 463 211	80 905			80 905
广　东	8 664 017	7 291 432	3 291 325	4 000 107	1 372 585	1 195 747	67 840	108 998
广　西	3 421 459	2 761 464	1 425 970	1 335 494	659 995	550 819	18 126	91 050
海　南	1 721 571	625 342	270 955	354 387	1 096 229	1 079 148		17 081
重　庆	541 717	524 116		524 116	17 601			17 601
四　川	1 576 856	1 538 002		1 538 002	38 854			38 854
贵　州	243 623	233 024		233 024	10 599			10 599
云　南	636 500	606 137		606 137	30 363			30 363
西　藏	406	96		96	310			310
陕　西	166 208	161 196		161 196	5 012			5 012
甘　肃	14 353	14 353		14 353				
青　海	18 526	18 526		18 526				
宁　夏	157 660	149 533		149 533	8 127			8 127
新　疆	166 758	152 032		152 032	14 726			14 726
中农发集团	183 836				183 836		183 836	

各地区水产品产量(二)

单位:吨

地 区	2018 年							
	总产量	1. 养殖产品小计	a. 海水养殖	b. 淡水养殖	2. 捕捞产品小计	a. 海洋捕捞	b. 远洋渔业	c. 淡水捕捞
全国总计	**64 576 558**	**49 910 590**	**20 312 206**	**29 598 384**	**14 665 968**	**10 444 647**	**2 257 450**	**1 963 871**
北 京	30 028	25 962		25 962	4 066		1 706	2 360
天 津	326 445	279 880	7 652	272 228	46 565	27 002	14 041	5 522
河 北	1 096 152	776 187	489 836	286 351	319 965	212 348	65 481	42 136
山 西	47 773	45 451		45 451	2 322			2 322
内 蒙 古	139 499	118 179		118 179	21 320			21 320
辽 宁	4 508 240	3 662 362	2 863 634	798 728	845 878	524 394	282 105	39 379
吉 林	234 090	214 790		214 790	19 300			19 300
黑 龙 江	624 320	577 220		577 220	47 100			47 100
上 海	262 509	94 293		94 293	168 216	13 739	152 893	1 584
江 苏	4 948 443	4 171 270	918 327	3 252 943	777 173	475 170	14 809	287 194
浙 江	5 896 129	2 342 009	1 208 973	1 133 036	3 554 120	2 873 946	549 546	130 628
安 徽	2 249 625	1 990 499		1 990 499	259 126			259 126
福 建	7 838 917	5 589 177	4 788 297	800 880	2 249 740	1 701 208	478 656	69 876
江 西	2 559 450	2 335 443		2 335 443	224 007			224 007
山 东	8 614 032	6 381 381	5 210 855	1 170 526	2 232 651	1 702 291	447 539	82 821
河 南	983 817	875 496		875 496	108 321			108 321
湖 北	4 584 045	4 402 981		4 402 981	181 064			181 064
湖 南	2 469 383	2 379 514		2 379 514	89 869			89 869
广 东	8 424 441	6 984 715	3 167 259	3 817 456	1 439 726	1 271 603	52 828	115 295
广 西	3 319 989	2 645 880	1 363 182	1 282 698	674 109	559 066	21 913	93 130
海 南	1 758 188	661 052	294 191	366 861	1 097 136	1 083 880		13 256
重 庆	529 581	510 746		510 746	18 835			18 835
四 川	1 534 754	1 489 358		1 489 358	45 396			45 396
贵 州	237 320	226 382		226 382	10 938			10 938
云 南	637 500	606 376		606 376	31 124			31 124
西 藏	377	43		43	334			334
陕 西	163 035	155 835		155 835	7 200			7 200
甘 肃	14 136	14 136		14 136				
青 海	17 116	17 116		17 116				
宁 夏	176 949	176 555		176 555	394			394
新 疆	174 342	160 302		160 302	14 040			14 040
中农发集团	175 933				175 933		175 933	

各地区水产品产量(三)

单位:吨

地区	2019年比2018年增减(±)							
	总产量	1. 养殖产品小计	a. 海水养殖	b. 淡水养殖	2. 捕捞产品小计	a. 海洋捕捞	b. 远洋渔业	c. 淡水捕捞
全国总计	**227 058**	**880 138**	**341 081**	**539 057**	**-653 080**	**-443 132**	**-87 298**	**-122 650**
北京	162	-4 883		-4 883	5 045		4 955	90
天津	-64 214	-57 731	-2 497	-55 234	-6 483	-50	-6 068	-365
河北	-106 036	-68 432	-41 034	-27 398	-37 604	-21 416	-9 575	-6 613
山西	-1 466	-1 411		-1 411	-55			-55
内蒙古	-13 543	-6 275		-6 275	-7 268			-7 268
辽宁	41 866	96 607	83 684	12 923	-54 741	-37 296	-17 181	-264
吉林	2 536	2 711		2 711	-175			-175
黑龙江	23 980	31 080		31 080	-7 100			-7 100
上海	17 768	-10 738		-10 738	28 506	-1 147	30 244	-591
江苏	-107 284	-77 120	-3 069	-74 051	-30 164	-29 593	-5 439	4 868
浙江	-128 902	99 602	61 384	38 218	-228 504	-150 294	-107 391	29 181
安徽	64 978	119 025		119 025	-54 047			-54 047
福建	306 846	357 364	318 865	38 499	-50 518	-89 595	37 852	1 225
江西	28 685	85 125		85 125	-56 440			-56 440
山东	-381 308	-329 048	-239 870	-89 178	-52 260	-24 906	-33 823	6 469
河南	7 041	3 107		3 107	3 934			3 934
湖北	111 387	130 701		130 701	-19 314			-19 314
湖南	74 733	83 697		83 697	-8 964			-8 964
广东	239 576	306 717	124 066	182 651	-67 141	-75 856	15 012	-6 297
广西	101 470	115 584	62 788	52 796	-14 114	-8 247	-3 787	-2 080
海南	-36 617	-35 710	-23 236	-12 474	-907	-4 732		3 825
重庆	12 136	13 370		13 370	-1 234			-1 234
四川	42 102	48 644		48 644	-6 542			-6 542
贵州	6 303	6 642		6 642	-339			-339
云南	-1 000	-239		-239	-761			-761
西藏	29	53		53	-24			-24
陕西	3 173	5 361		5 361	-2 188			-2 188
甘肃	217	217		217				
青海	1 410	1 410		1 410				
宁夏	-19 289	-27 022		-27 022	7 733			7 733
新疆	-7 584	-8 270		-8 270	686			686
中农发集团	7 903				7 903		7 903	

2-2 水产养殖

全国水产养殖产量(按水域和养殖方式分)

单位:吨

指标		2019 年	2018 年	2019 年比 2018 年增减(±)	
				绝对量	幅度(%)
全国总计		**50 790 728**	**49 910 590**	**880 138**	**1.76**
1. 海水养殖		20 653 287	20 312 206	341 081	1.68
按水域分	海上	11 938 269	11 630 385	307 884	2.65
	滩涂	6 139 640	6 228 030	-88 390	-1.42
	其他	2 575 378	2 453 791	121 587	4.96
养殖方式中	池塘	2 503 495	2 466 523	36 972	1.50
	普通网箱	550 317	594 562	-44 245	-7.44
	深水网箱	205 198	153 978	51 220	33.26
	筏式	6 174 565	6 126 152	48 413	0.79
	吊笼	1 289 917	1 278 542	11 375	0.89
	底播	5 128 217	5 311 699	-183 482	-3.45
	工厂化	275 875	255 366	20 509	8.03
2. 淡水养殖		30 137 441	29 598 384	539 057	1.82
按水域分	池塘	22 300 543	22 109 687	190 856	0.86
	湖泊	862 331	977 984	-115 653	-11.83
	水库	2 870 495	2 949 226	-78 731	-2.67
	河沟	538 309	637 873	-99 564	-15.61
	其他	652 433	590 345	62 088	10.52
	稻田养成鱼	2 913 330	2 333 269	580 061	24.86
养殖方式中	围栏	41 414	84 030	-42 616	-50.72
	网箱	427 302	591 067	-163 765	-27.71
	工厂化	266 405	213 463	52 942	24.80

全国海水养殖产量(一)

单位:吨

指　　标	2019 年	2018 年	2019 年比 2018 年增减(±)	
			绝对量	幅度(%)
海水养殖	**20 653 287**	**20 312 206**	**341 081**	**1.68**
1. 鱼类	1 605 802	1 495 088	110 714	7.41
其中:鲈鱼	180 173	166 581	13 592	8.16
鲆鱼	116 109	107 967	8 142	7.54
大黄鱼	225 549	197 980	27 569	13.93
军曹鱼	42 224	38 831	3 393	8.74
鲕鱼	29 997	25 810	4 187	16.22
鲷鱼	101 279	88 375	12 904	14.60
美国红鱼	70 187	68 253	1 934	2.83
河鲀	17 473	23 054	-5 581	-24.21
石斑鱼	183 127	159 579	23 548	14.76
鲽鱼	12 337	13 915	-1 578	-11.34
2. 甲壳类	1 743 826	1 702 911	40 915	2.40
虾	1 450 183	1 409 114	41 069	2.91
其中:南美白对虾	1 144 370	1 117 534	26 836	2.40
斑节对虾	84 066	75 356	8 710	11.56
中国对虾	38 583	55 756	-17 173	-30.80
日本对虾	50 968	55 228	-4 260	-7.71
蟹	293 643	293 797	-154	-0.05
其中:梭子蟹	113 810	116 251	-2 441	-2.10
青蟹	160 616	157 712	2 904	1.84

全国海水养殖产量(二)

单位:吨

指 标	2019 年	2018 年	2019 年比 2018 年增减(±)	
			绝对量	幅度(%)
3. 贝类	14 389 727	14 439 302	-49 575	-0.34
其中:牡蛎	5 225 595	5 139 760	85 835	1.67
鲍	180 267	163 169	17 098	10.48
螺	241 234	239 024	2 210	0.92
蚶	387 676	372 303	15 373	4.13
贻贝	870 652	903 361	-32 709	-3.62
江珧	13 457	14 465	-1 008	-6.97
扇贝	1 828 107	1 917 850	-89 743	-4.68
蛤	3 967 387	4 080 776	-113 389	-2.78
蛏	869 251	852 925	16 326	1.91
4. 藻类	2 538 396	2 343 871	194 525	8.30
其中:海带	1 624 018	1 522 537	101 481	6.67
裙带菜	202 393	175 503	26 890	15.32
紫菜	212 304	201 779	10 525	5.22
江蓠	348 085	330 344	17 741	5.37
麒麟菜	420	1 820	-1 400	-76.92
石花菜				
羊栖菜	27 032	23 246	3 786	16.29
苔菜				
5. 其他类	375 536	331 034	44 502	13.44
其中:海参	171 700	174 340	-2 640	-1.51
海胆(千克)	8 242 633	8 844 373	-601 740	-6.80
海水珍珠(千克)	2 784	2 779	5	0.18
海蜇	89 576	72 664	16 912	23.27

全国淡水养殖产量

单位:吨

指　　标	2019 年	2018 年	2019 年比 2018 年增减(±)	
			绝对量	幅度(%)
淡水养殖产量	**30 137 441**	**29 598 384**	**539 057**	**1.82**
1. 鱼类	25 480 260	25 442 755	37 505	0.15
2. 甲壳类	3 930 524	3 438 142	492 382	14.32
虾	3 151 842	2 681 265	470 577	17.55
其中:罗氏沼虾	139 609	133 266	6 343	4.76
青虾	225 321	234 358	-9 037	-3.86
克氏原螯虾	2 089 604	1 638 662	450 942	27.52
南美白对虾	671 180	642 807	28 373	4.41
蟹(河蟹)	778 682	756 877	21 805	2.88
3. 贝类	189 642	195 797	-6 155	-3.14
其中:河蚌	57 658	58 866	-1 208	-2.05
螺	92 893	95 691	-2 798	-2.92
蚬	18 185	18 006	179	0.99
4. 藻类(螺旋藻)	5 465	6 939	-1 474	-21.24
5. 其他类	531 550	514 751	16 799	3.26
其中:龟	45 750	47 676	-1 926	-4.04
鳖	325 497	319 081	6 416	2.01
蛙	107 352	102 255	5 097	4.98
珍珠(千克)	609 353	702 563	-93 210	-13.27
6. 观赏鱼(万尾)	392 507	535 216	-142 709	-26.66

全国淡水养殖主要鱼类产量

单位:吨

指 标	2019 年	2018 年	2019 年比 2018 年增减(±)	
			绝对量	幅度(%)
青鱼	679 582	691 296	-11 714	-1.69
草鱼	5 533 083	5 504 301	28 782	0.52
鲢鱼	3 810 286	3 858 864	-48 578	-1.26
鳙鱼	3 101 637	3 096 426	5 211	0.17
鲤鱼	2 885 284	2 962 218	-76 934	-2.60
鲫鱼	2 755 632	2 771 565	-15 933	-0.57
鳊鱼	762 858	783 534	-20 676	-2.64
泥鳅	356 881	358 418	-1 537	-0.43
鲇鱼	355 310	365 590	-10 280	-2.81
鮰鱼	297 732	230 442	67 290	29.20
黄颡鱼	536 964	509 610	27 354	5.37
鲑鱼	1 955	2 446	-491	-20.07
鳟鱼	39 373	38 606	767	1.99
河鲀	9 911	12 710	-2 799	-22.02
短盖巨脂鲤	68 651	64 249	4 402	6.85
长吻鮠	22 063	21 610	453	2.10
黄鳝	313 790	319 000	-5 210	-1.63
鳜鱼	337 082	315 906	21 176	6.70
池沼公鱼	10 730	14 249	-3 519	-24.70
银鱼	13 541	16 249	-2 708	-16.67
鲈鱼	477 808	432 058	45 750	10.59
乌鳢	461 993	459 277	2 716	0.59
罗非鱼	1 641 662	1 624 547	17 115	1.05
鲟鱼	102 042	96 914	5 128	5.29
鳗鲡	234 223	233 222	1 001	0.43

各地区海水养殖产量(按品种分)(一)

单位:吨

地区	海水养殖产量	1. 鱼类	其中					
			鲈鱼	鲆鱼	大黄鱼	军曹鱼	鲕鱼	鲷鱼
全国总计	**20 653 287**	**1 605 802**	**180 173**	**116 109**	**225 549**	**42 224**	**29 997**	**101 279**
天　津	5 155	1 577		45				
河　北	448 802	12 737		6 062				
辽　宁	2 947 318	71 295	8 040	53 825				5
上　海								
江　苏	915 258	83 207	1 275	5 826				51
浙　江	1 270 357	53 773	9 245	99	23 932		40	3 981
福　建	5 107 162	429 386	37 992	4 910	186 514	100	4 339	39 459
山　东	4 970 985	104 174	18 720	42 321			38	190
广　东	3 291 325	666 312	93 776	3 021	15 103	32 045	25 495	51 897
广　西	1 425 970	65 413	9 552			93		4 373
海　南	270 955	117 928	1 573			9 986	85	1 323

各地区海水养殖产量(按品种分)(二)

单位:吨

地区	1. 鱼类(续)				2. 甲壳类	(1)虾	其中	
	其中(续)							
	美国红鱼	河鲀	石斑鱼	鲽鱼			南美白对虾	斑节对虾
全国总计	**70 187**	**17 473**	**183 127**	**12 337**	**1 743 826**	**1 450 183**	**1 144 370**	**84 066**
天　津		27	466		3 578	3 578	3 538	
河　北		2 081	581	1 912	27 542	26 195	16 932	48
辽　宁		1 993			40 546	34 208	10 548	
上　海								
江　苏		191		1 632	113 357	79 297	20 381	8 232
浙　江	7 213		240	41	108 089	61 487	37 322	632
福　建	16 327	10 024	34 092	824	212 338	136 809	111 131	6 261
山　东	4 052	2 750	496	4 097	163 715	147 004	105 231	1 200
广　东	36 582	407	77 659	3 831	606 427	525 478	417 444	62 515
广　西	6 013		3 303		338 735	320 687	319 385	952
海　南			66 290		129 499	115 440	102 458	4 226

各地区海水养殖产量(按品种分)(三)

单位:吨

地 区	2. 甲壳类(续)					3.贝类
	(1)虾(续)		(2)蟹			
	其中(续)			其 中		
	中国对虾	日本对虾		梭子蟹	青蟹	
全国总计	**38 583**	**50 968**	**293 643**	**113 810**	**160 616**	**14 389 727**
天 津						
河 北	5 023	4 177	1 347	1 345		360 494
辽 宁	12 022	10 304	6 338	6 290		2 238 840
上 海						
江 苏	5 929	592	34 060	30 535	1 887	668 508
浙 江	1 925	1 320	46 602	20 224	26 272	1 004 606
福 建	5 270	8 961	75 529	31 554	36 305	3 237 735
山 东	7 462	17 262	16 711	14 054	220	3 922 447
广 东	952	8 302	80 949	9 763	65 107	1 922 398
广 西		50	18 048		18 048	1 017 037
海 南			14 059	45	12 777	17 662

各地区海水养殖产量(按品种分)(四)

单位:吨

地 区	3. 贝类(续)								
	其中(续)								
	牡蛎	鲍	螺	蚶	贻贝	江珧	扇贝	蛤	蛏
全国总计	**5 225 595**	**180 267**	**241 234**	**387 676**	**870 652**	**13 457**	**1 828 107**	**3 967 387**	**869 251**
天 津									
河 北	1 500		4 166	8 748			297 833	48 010	69
辽 宁	273 899	2 854		69 882	36 292		423 859	1 228 971	38 374
上 海									
江 苏	40 204		66 879	31 355	45 709			374 808	57 806
浙 江	227 712	346	12 834	142 157	204 370		615	103 276	305 823
福 建	2 012 589	143 970	6 718	65 231	112 400		9 152	472 651	300 755
山 东	869 876	21 428	10 299	5 508	384 074	200	973 474	1 209 611	153 579
广 东	1 139 161	11 639	86 318	57 923	75 631	13 257	120 204	265 519	11 128
广 西	659 278		47 755	4 172	12 176		2 834	260 451	1 717
海 南	1 376	30	6 265	2 700			136	4 090	

各地区海水养殖产量(按品种分)(五)

单位:吨

地　区	4. 藻类	其中					
		海带	裙带菜	紫菜	江蓠	麒麟菜	石花菜
全国总计	**2 538 396**	**1 624 018**	**202 393**	**212 304**	**348 085**	**420**	
天　津							
河　北	991	991					
辽　宁	467 533	314 530	152 953				
上　海							
江　苏	41 395	200		41 095			
浙　江	98 391	19 718		56 787			
福　建	1 187 581	803 131		80 758	244 294		
山　东	662 972	481 289	48 590	17 785	52 584		
广　东	73 752	4 159	850	15 879	49 768		
广　西							
海　南	5 781				1 439	420	

各地区海水养殖产量(按品种分)(六)

单位:吨

地　区	4. 藻类(续)		5. 其他	其中			
	其中(续)						
	羊栖菜	苔菜		海参	海胆 (千克)	海水珍珠 (千克)	海蜇
全国总计	**27 032**		**375 536**	**171 700**	**8 242 633**	**2 784**	**89 576**
天　津							
河　北			47 038	6 615			7 724
辽　宁			129 104	44 710	1 617 800		73 105
上　海							
江　苏			8 791	129			5 172
浙　江	20 098		5 498	88			826
福　建	6 934		40 122	27 437			2 363
山　东			117 677	92 581	5 574 000		246
广　东			22 436	116	1 050 833	1 960	140
广　西			4 785			824	
海　南			85	24			

各地区海水养殖产量(按水域和养殖方式分)(一)

单位:吨

地 区	海水养殖产量	按养殖水域分			养殖方式中
		1. 海上	2. 滩涂	3. 其他	1. 池塘
全国总计	**20 653 287**	**11 938 269**	**6 139 640**	**2 575 378**	**2 503 495**
天 津	5 155			5 155	3 655
河 北	448 802	313 637	48 615	86 550	72 654
辽 宁	2 947 318	2 051 170	711 315	184 833	173 738
上 海					
江 苏	915 258	218 139	506 127	190 992	275 324
浙 江	1 270 357	553 945	395 673	320 739	323 533
福 建	5 107 162	3 411 004	1 251 421	444 737	296 718
山 东	4 970 985	3 496 173	1 252 255	222 557	219 875
广 东	3 291 325	1 221 327	1 315 836	754 162	702 288
广 西	1 425 970	607 041	540 548	278 381	243 044
海 南	270 955	65 833	117 850	87 272	192 666

各地区海水养殖产量(按水域和养殖方式分)(二)

单位:吨

地 区	养殖方式中(续)					
	2. 普通网箱	3. 深水网箱	4. 筏式	5. 吊笼	6. 底播	7. 工厂化
全国总计	**550 317**	**205 198**	**6 174 565**	**1 289 917**	**5 128 217**	**275 875**
天 津						1 500
河 北			299 333		34 268	14 615
辽 宁	1 576	3 531	1 061 006	81 836	1 396 627	44 159
上 海						
江 苏			104 648	1 100	475 940	17 920
浙 江	23 317	18 644	486 909	1 337	263 349	6 949
福 建	283 128	60 412	1 524 792	129 147	408 522	37 233
山 东	71 950	24 143	1 882 345	976 215	1 608 584	136 777
广 东	119 662	35 160	445 052	97 016	698 544	10 519
广 西	33 224	19 494	370 480	3 036	232 302	499
海 南	17 460	43 814		230	10 081	5 704

各地区淡水养殖产量(按品种分)(一)

单位:吨

地区	淡水养殖产量	1. 鱼类	其中				
			青鱼	草鱼	鲢鱼	鳙鱼	鲤鱼
全国总计	**30 137 441**	**25 480 260**	**679 582**	**5 533 083**	**3 810 286**	**3 101 637**	**2 885 284**
北京	21 079	21 078	457	6 179	1 606	1 230	6 847
天津	216 994	180 360		35 354	22 230	6 896	75 943
河北	258 953	230 778	202	34 457	35 473	16 165	98 102
山西	44 040	43 648	403	15 026	7 288	3 925	11 134
内蒙古	111 904	108 864		15 938	19 410	14 814	41 295
辽宁	811 651	728 318	569	105 353	97 570	54 358	308 162
吉林	217 501	213 862	2 002	21 314	53 351	40 944	52 644
黑龙江	608 300	598 386	668	59 593	123 512	52 935	208 532
上海	83 555	52 651	1 879	21 904	6 893	5 158	370
江苏	3 178 892	2 266 821	87 032	379 022	408 326	222 280	141 062
浙江	1 171 254	879 968	58 292	90 305	134 284	97 366	32 568
安徽	2 109 524	1 511 370	81 490	269 829	268 308	269 263	97 077
福建	839 379	705 994	12 454	167 238	74 504	62 326	55 775
江西	2 420 568	2 123 332	55 375	546 057	274 559	388 342	147 985
山东	1 081 348	956 210	6 337	205 171	169 469	104 189	231 712
河南	878 603	805 851	7 219	137 983	193 340	137 516	213 296
湖北	4 533 682	3 364 950	198 613	879 796	557 684	437 301	125 959
湖南	2 463 211	2 069 607	84 834	610 313	338 887	289 987	173 706
广东	4 000 107	3 668 328	52 688	949 019	217 620	373 412	118 380
广西	1 335 494	1 295 085	14 630	316 470	222 463	173 514	150 050
海南	354 387	348 897	905	3 678	5 583	8 378	2 433
重庆	524 116	508 858	2 177	115 243	105 350	51 096	41 202
四川	1 538 002	1 490 396	2 080	272 701	310 351	174 804	187 444
贵州	233 024	227 526	2 165	43 503	27 017	31 489	82 814
云南	606 137	600 390	5 920	89 712	64 925	49 132	135 691
西藏	96	96		3	5	25	
陕西	161 196	149 854	310	36 461	29 757	18 497	44 005
甘肃	14 353	14 208	881	4 441	1 295	282	3 732
青海	18 526	18 297		103	33		265
宁夏	149 533	148 187		48 120	13 954	7 648	59 329
新疆	152 032	148 090		52 797	25 239	8 365	37 770

各地区淡水养殖产量(按品种分)(二)

单位:吨

地　区	1. 鱼类(续)						
	其中(续)						
	鲫鱼	鳊鲂	泥鳅	鲇鱼	鮰鱼	黄颡鱼	鲑鱼
全国总计	**2 755 632**	**762 858**	**356 881**	**355 310**	**297 732**	**536 964**	**1 955**
北　京	1 154	1 159	51	247	462	2	
天　津	29 403	433	2 146	502	816	710	
河　北	21 528	275	3 180	189	87	1 708	3
山　西	1 242	24	23	5	356	2	6
内蒙古	12 760	486	652	1 198	1	77	
辽　宁	58 874	1 037	4 632	42 370	162	1 455	425
吉　林	26 822	1 791	2 724	3 209	1	2 156	208
黑龙江	110 664	464	7 485	8 292	12	4 338	
上　海	9 491	1 388	62	70	218	1 294	
江　苏	623 991	154 367	39 768	4 834	1 415	29 244	21
浙　江	100 262	31 178	29 030	1 315	1 932	122 020	93
安　徽	188 063	92 117	39 830	17 192	9 680	36 259	
福　建	36 919	4 513	3 293	8 910	2 775	5 000	
江　西	228 079	68 155	79 111	31 312	8 489	52 145	40
山　东	101 689	8 327	6 268	18 422	1 458	2 164	
河　南	52 364	10 466	6 129	8 588	26 646	1 894	
湖　北	356 117	236 017	38 475	17 047	41 419	140 786	
湖　南	200 962	88 455	17 171	25 788	30 544	30 133	10
广　东	170 418	18 644	19 444	34 142	46 941	54 464	82
广　西	34 714	1 708	2 819	29 716	14 459	6 334	
海　南	567		94	1 217			
重　庆	113 095	5 995	16 529	8 750	8 269	9 445	78
四　川	196 972	32 348	32 395	77 448	87 532	32 499	580
贵　州	9 691	288	2 455	2 953	2 884	1 000	57
云　南	40 818	1 561	1 525	9 349	3 247	1 341	12
西　藏	10						30
陕　西	4 523	328	804	368	3 054	320	3
甘　肃	740	68	3	19	3		276
青　海	89						15
宁　夏	11 611	114	718	1 768	3 570	69	
新　疆	12 000	1 152	65	90	1 300	105	16

各地区淡水养殖产量(按品种分)(三)

单位:吨

地区	1. 鱼类(续)						
	其中(续)						
	鳟鱼	河鲀	短盖巨脂鲤	长吻鮠	黄鳝	鳜鱼	池沼公鱼
全国总计	**39 373**	**9 911**	**68 651**	**22 063**	**313 790**	**337 082**	**10 730**
北京	412						
天津							
河北	1 495		6		8	7	857
山西	1 387						
内蒙古						16	736
辽宁	3 845					189	862
吉林	324					324	3 773
黑龙江	371					1 706	15
上海					4	32	
江苏		3 304	1 276	16	4 998	31 468	100
浙江	51		10 097	908	569	12 939	2
安徽		9	1 389	17	35 916	42 930	
福建	21	262	2 551	138	502	1 795	
江西	250		6 091	640	78 353	34 969	
山东	96		40		1 332	1 294	
河南	371		116	10	2 732	298	2
湖北				1 200	144 162	79 688	
湖南	666		1	147	28 724	19 361	
广东	51	6 336	29 904	5 016	2 478	106 099	
广西	160		16 380	334	1 077	154	
海南			517	154			
重庆	1 413		70	2 157	813	706	
四川	1 516		10	9 950	11 383	2 436	
贵州	304			658	285	66	
云南	4 877		203	693	402	124	4
西藏	4						
陕西	1 031			25	52	103	
甘肃	1 802						4
青海	15 289						2 500
宁夏	30						
新疆	3 607					378	1 875

各地区淡水养殖产量(按品种分)(四)

单位:吨

地 区	1. 鱼类(续)						2. 甲壳类
	其中(续)						
	银鱼	鲈鱼	乌鳢	罗非鱼	鲟鱼	鳗鲡	
全国总计	**13 541**	**477 808**	**461 993**	**1 641 662**	**102 042**	**234 223**	**3 930 524**
北 京		69	12	370	821		
天 津		95		2 400			36 414
河 北	120	707	55	8 655	6 863		25 498
山 西	64	309	310	779	1 153		194
内 蒙 古	94	46	999	18			1 215
辽 宁	930	31	1 970	1 070	1 281		76 598
吉 林	951	38	1 253	2	31		3 636
黑 龙 江	1 789	10	1 338				9 863
上 海							30 462
江 苏	69	38 901	24 127	2 372	1 145	7 035	861 467
浙 江	4	65 140	42 778	2 320	6 049	2 812	155 462
安 徽	2 580	6 990	32 840	3 129	322	996	502 342
福 建		11 564	2 765	119 643	3 709	101 441	91 561
江 西	1 601	17 292	37 050	4 668	4 025	16 620	179 976
山 东	1 685	1 038	54 864	6 465	12 632		116 861
河 南	182	2 925	1 285	829	1 317		63 873
湖 北	1 533	16 839	26 810	2 525	5 364	701	1 099 805
湖 南	741	7 591	36 168	1 350	7 200	178	332 687
广 东	126	279 952	176 834	744 022	1 437	101 844	273 984
广 西	214	2 130	1 272	252 346	1 035	600	6 141
海 南				310 020		1 990	2 124
重 庆		3 598	8 228	4 980	2 660		9 546
四 川	483	15 585	10 176	2 790	6 288		36 383
贵 州	71	2 615	164	590	14 101		3 238
云 南	182	1 353	344	168 365	19 501	6	3 186
西 藏							
陕 西		760	79	1 010	3 585		2 475
甘 肃			1	4	591		127
青 海					3		229
宁 夏	52	830	38	50	191		1 307
新 疆	70	1 400	233	890	738		3 870

各地区淡水养殖产量(按品种分)(五)

单位:吨

地　　区	2. 甲壳类(续)						3.贝类	其　中
	(1)虾	其　中				(2)蟹(河蟹)		河蚌
		罗氏沼虾	青虾	克氏原螯虾	南美白对虾			
全国总计	**3 151 842**	**139 609**	**225 321**	**2 089 604**	**671 180**	**778 682**	**189 642**	**57 658**
北　京								
天　津	35 731				35 721	683		
河　北	22 212		26	12	21 734	3 286		
山　西	90		1	20	66	104		
内蒙古	470		128		332	745		
辽　宁	15 406				14 699	61 192	2	2
吉　林	200		138			3 436	3	3
黑龙江	725			72	40	9 138		
上　海	21 803	1 239	79	391	20 094	8 659		
江　苏	496 627	57 626	102 158	204 394	131 454	364 840	25 545	5 921
浙　江	145 613	23 760	26 812	18 168	76 192	9 849	8 570	2 615
安　徽	403 747	1 946	48 843	349 750	3 208	98 595	47 430	25 693
福　建	90 440	1 589	1 409	2 322	84 031	1 121	30 478	3 187
江　西	161 943	839	26 942	133 492	670	18 033	38 544	10 091
山　东	94 099	122	1 164	40 006	51 120	22 762	416	108
河　南	62 188	480	2 912	58 207	589	1 685	309	143
湖　北	941 111	2 561	8 388	925 005	4 815	158 694	3 527	2 077
湖　南	326 421	1 036	3 256	306 777	7 134	6 266	12 693	4 256
广　东	271 445	46 041	1 644	204	215 138	2 539	10 658	2 474
广　西	5 675	1 036	806	3 271	23	466	6 979	383
海　南	2 124	781		69	991			
重　庆	8 791	141	61	8 159	347	755	77	
四　川	35 148	172	155	34 037	556	1 235	2 192	429
贵　州	2 937	18	38	1 793	81	301	1 242	194
云　南	2 809	222	287	2 110	75	377	947	82
西　藏								
陕　西	2 046		2	1 325	134	429		
甘　肃	28				17	99		
青　海						229		
宁　夏	240		25	12	201	1 067		
新　疆	1 773		47	8	1 718	2 097	30	

各地区淡水养殖产量(按品种分)(六)

单位:吨

地 区	3. 贝类(续) 其中(续) 螺	蚬	4. 藻类(螺旋藻)	5. 其他类	其中 龟	鳖	蛙	珍珠(千克)	6. 观赏鱼(万尾)
全国总计	**92 893**	**18 185**	**5 465**	**531 550**	**45 750**	**325 497**	**107 352**	**609 353**	**392 507**
北 京				1	1				46 977
天 津				220		178			19 653
河 北				2 677		2 577			4 370
山 西				198		197	1		398
内 蒙 古			1 789	36					43
辽 宁				6 733			6 733		59 665
吉 林									32 929
黑 龙 江				51					
上 海				442	76	345	21		1 775
江 苏	18 025	1 548	1 201	23 858	2 261	19 072	1 477	52 004	85 840
浙 江	5 567	143	430	126 824	7 915	102 208	5 364	573	8 948
安 徽	20 475	1 262		48 382	5 356	38 114	4 035	321 150	14 231
福 建	3 375	9 273	64	11 282	302	5 144	3 739		2 865
江 西	23 372	3 585	1 421	77 295	7 585	29 014	38 798	218 000	5 125
山 东	196	3		7 861	274	6 276	222		24 376
河 南	153	13	5	8 565	44	8 164	321		22 673
湖 北	1 139	311		65 400	7 267	45 144	12 989		666
湖 南	6 481	149		48 224	3 298	25 257	15 719	17 586	1 304
广 东	4 132	1 733		47 137	8 580	19 484	1 923	40	27 212
广 西	6 196	164		27 289	2 601	19 540	2 269		17
海 南				3 366	27	354	2 086		100
重 庆	77			5 635	10	1 444	4 168		13 200
四 川	1 763			9 031	136	2 229	5 901		5 726
贵 州	1 047	1		1 018	12	40	606		101
云 南	865		555	1 059	4	79	875		7 890
西 藏									
陕 西				8 867		540	104		5 690
甘 肃				18	1	17			
青 海									
宁 夏				39		39			658
新 疆	30			42		41	1		72

各地区淡水养殖产量(按水域和养殖方式分)(一)

单位:吨

地　区	淡水养殖产量	按水域分			
		1. 池塘	2. 湖泊	3. 水库	4. 河沟
全国总计	**30 137 441**	**22 300 543**	**862 331**	**2 870 495**	**538 309**
北　京	21 079	19 862			
天　津	216 994	215 031		750	50
河　北	258 953	226 091	2 335	23 959	1 804
山　西	44 040	31 747	38	12 101	
内蒙古	111 904	63 092	20 255	26 574	1 750
辽　宁	811 651	605 502		104 665	3 991
吉　林	217 501	93 141	32 451	82 830	769
黑龙江	608 300	436 650	55 833	67 580	26 922
上　海	83 555	79 412	1 142		1 253
江　苏	3 178 892	2 488 566	83 087	32 727	111 265
浙　江	1 171 254	881 011	3 683	75 421	33 553
安　徽	2 109 524	1 257 003	247 313	130 737	85 227
福　建	839 379	525 669	4 680	162 532	38 736
江　西	2 420 568	1 556 650	285 015	353 530	39 539
山　东	1 081 348	860 453	8 569	151 801	
河　南	878 603	725 808	3 897	84 584	8 816
湖　北	4 533 682	3 713 567			
湖　南	2 463 211	1 744 188	60 129	207 250	12 185
广　东	4 000 107	3 658 489	8 402	244 434	16 136
广　西	1 335 494	738 527		453 181	74 169
海　南	354 387	290 991	672	58 223	100
重　庆	524 116	474 666		35 544	1 220
四　川	1 538 002	847 176	1 062	211 622	68 625
贵　州	233 024	96 060	466	58 984	2 772
云　南	606 137	337 795	4 295	202 361	4 814
西　藏	96	96			
陕　西	161 196	90 384	4 317	42 005	2 923
甘　肃	14 353	10 093	91	2 844	11
青　海	18 526	504	463	17 559	
宁　夏	149 533	113 518	32 766	1 269	354
新　疆	152 032	118 801	1 370	25 428	1 325

各地区淡水养殖产量(按水域和养殖方式分)(二)

单位:吨

地区	按水域分(续)		养殖方式中		
	5. 其他	6. 稻田	1. 围栏	2. 网箱	3. 工厂化
全国总计	**652 433**	**2 913 330**	**41 414**	**427 302**	**266 405**
北京	1 217				494
天津	612	551			
河北	3 410	1 354	210	1 069	2 017
山西	4	150		156	11
内蒙古		233	1 147		83
辽宁	43 147	54 346	1 520	55 871	475
吉林	345	7 965	1 173	3 316	270
黑龙江	11 009	10 306		870	50
上海		1 748			60
江苏	143 938	319 309	12 595	6 922	19 383
浙江	25 912	151 674	3 307	7 029	23 332
安徽	22 271	366 973	8 726	23 835	13 888
福建	93 045	14 717	1 181	17 979	86 962
江西	38 268	147 566	70	8 994	15 471
山东	51 989	8 536	294	5 052	50 781
河南	7 448	48 050		4 762	2 686
湖北		820 115			21 089
湖南	48 002	391 457		39 052	5 268
广东	70 717	1 929	50	1 737	1 061
广西	37 968	31 649	7 467	128 624	845
海南	4 379	22		680	
重庆	2	12 684			369
四川	8 482	401 035		990	2 798
贵州	10 782	63 960			567
云南	1 782	55 090	1 280	97 565	16 880
西藏					
陕西	21 337	230	2 394	4 758	595
甘肃	1 314			202	145
青海				15 247	
宁夏		1 626			
新疆	5 053	55		2 592	825

2-3 国内捕捞

全国海洋捕捞产量

单位:吨

指　　标	2019 年	2018 年	2019 年比 2018 年增减(±)	
			绝对量	幅度(%)
海洋捕捞产量	**10 001 515**	**10 444 647**	**-443 132**	**-4. 24**
1. 鱼类	6 828 817	7 162 277	-333 460	-4. 66
2. 甲壳类	1 917 943	1 979 498	-61 555	-3. 11
虾	1 270 481	1 310 000	-39 519	-3. 02
其中:毛虾	389 217	425 185	-35 968	-8. 46
对虾	215 435	223 082	-7 647	-3. 43
鹰爪虾	240 249	245 035	-4 786	-1. 95
虾蛄	221 355	220 567	788	0. 36
蟹	647 462	669 498	-22 036	-3. 29
其中:梭子蟹	458 380	479 164	-20 784	-4. 34
青蟹	79 153	79 444	-291	-0. 37
蟳	24 259	28 462	-4 203	-14. 77
3. 贝类	411 943	430 403	-18 460	-4. 29
4. 藻类	17 438	18 286	-848	-4. 64
5. 头足类	569 204	569 944	-740	-0. 13
其中:乌贼	131 067	127 257	3 810	2. 99
鱿鱼	289 987	292 018	-2 031	-0. 70
章鱼	106 014	107 789	-1 775	-1. 65
6. 其他类	256 170	284 239	-28 069	-9. 88
其中:海蜇	145 794	160 673	-14 879	-9. 26

全国海洋捕捞主要鱼类产量

单位:吨

指　标	2019 年	2018 年	2019 年比 2018 年增减(±)	
			绝对量	幅度(%)
海鳗	309 524	329 111	-19 587	-5.95
鳓鱼	67 220	67 689	-469	-0.69
鳀鱼	625 352	658 395	-33 043	-5.02
沙丁鱼	98 760	105 700	-6 940	-6.57
鲱鱼	11 374	10 304	1 070	10.38
石斑鱼	97 411	101 597	-4 186	-4.12
鲷鱼	131 072	136 529	-5 457	-4.00
蓝圆鲹	448 739	493 952	-45 213	-9.15
白姑鱼	90 126	95 889	-5 763	-6.01
黄姑鱼	62 664	67 124	-4 460	-6.64
鮸鱼	62 287	60 944	1 343	2.20
大黄鱼	59 830	68 317	-8 487	-12.42
小黄鱼	284 238	282 553	1 685	0.60
梅童鱼	220 032	230 197	-10 165	-4.42
方头鱼	39 778	41 681	-1 903	-4.57
玉筋鱼	88 478	92 308	-3 830	-4.15
带鱼	916 693	939 372	-22 679	-2.41
金线鱼	329 187	334 314	-5 127	-1.53
梭鱼	111 110	118 310	-7 200	-6.09
鲐鱼	414 710	432 504	-17 794	-4.11
鲅鱼	348 929	356 711	-7 782	-2.18
金枪鱼	38 196	55 057	-16 861	-30.62
鲳鱼	326 621	326 015	606	0.19
马面鲀	127 669	139 151	-11 482	-8.25
竹筴鱼	39 966	40 613	-647	-1.59
鲻鱼	83 344	90 800	-7 456	-8.21

全国海洋捕捞产量（按海域、渔具分）

单位：吨

指标		2019 年	2018 年	2019 年比 2018 年增减（±）	
				绝对量	幅度（%）
合计		**10 001 515**	**10 444 647**	**-443 132**	**-4.24**
按捕捞海域分	渤海	629 572	790 300	-160 728	-20.34
	黄海	2 292 305	2 385 959	-93 654	-3.93
	东海	4 075 847	4 172 797	-96 950	-2.32
	南海	3 003 791	3 095 591	-91 800	-2.97
按捕捞渔具分	拖网	4 766 005	4 887 102	-121 097	-2.48
	围网	823 311	931 291	-107 980	-11.59
	刺网	2 241 845	2 280 103	-38 258	-1.68
	张网	1 150 760	1 220 525	-69 765	-5.72
	钓具	352 894	369 058	-16 164	-4.38
	其他渔具	666 700	756 568	-89 868	-11.88

全国淡水捕捞产量

单位：吨

指标	2019 年	2018 年	2019 年比 2018 年增减（±）	
			绝对量	幅度（%）
淡水捕捞产量	**1 841 221**	**1 963 871**	**-122 650**	**-6.25**
1. 鱼类	1 383 929	1 470 819	-86 890	-5.91
2. 甲壳类	234 810	258 511	-23 701	-9.17
虾	195 931	216 671	-20 740	-9.57
蟹	38 879	41 840	-2 961	-7.08
3. 贝类	204 830	212 048	-7 218	-3.40
4. 藻类	7	63	-56	-88.89
5. 其他类	17 645	22 430	-4 785	-21.33
其中：丰年虫	234	556	-322	-57.91

各地区海洋捕捞产量(按品种分)(一)

单位:吨

地 区	海洋捕捞产量	1. 鱼类	其 中				
			海鳗	鳓鱼	鳀鱼	沙丁鱼	鲱鱼
全国总计	**10 001 515**	**6 828 817**	**309 524**	**67 220**	**625 352**	**98 760**	**11 374**
天 津	26 952	23 777			19 395		
河 北	190 932	103 929			39 435		
辽 宁	487 098	281 775	236	399	25 989	607	13
上 海	12 592	4 894	155	22			
江 苏	445 577	240 315	6 755	2 132	2 076	242	142
浙 江	2 723 652	1 820 985	77 537	11 412	46 570	6 560	1 552
福 建	1 611 613	1 164 945	59 350	11 132	63 203	9 852	3 908
山 东	1 677 385	1 164 039	12 955		395 903	4 434	975
广 东	1 195 747	854 077	69 782	23 039	28 672	54 187	3 566
广 西	550 819	297 854	11 696	17 762		10 027	857
海 南	1 079 148	872 227	71 058	1 322	4 109	12 851	361

各地区海洋捕捞产量(按品种分)(二)

单位:吨

地 区	1. 鱼类(续)							
	其中(续)							
	石斑鱼	鲷鱼	蓝圆鲹	白姑鱼	黄姑鱼	鮸鱼	大黄鱼	小黄鱼
全国总计	**97 411**	**131 072**	**448 739**	**90 126**	**62 664**	**62 287**	**59 830**	**284 238**
天 津								1 263
河 北					175	13		6 301
辽 宁	2 886	99		342	1 060	138	15 767	52 788
上 海					52		9	147
江 苏	25	96	11	3 208	6 347	1 642	152	24 377
浙 江	1 274	5 826	46 863	45 588	32 387	44 652	1 098	117 782
福 建	15 983	47 670	213 681	9 002	7 923	10 233	2 940	9 108
山 东		50		11 163	7 073	398	2 728	42 310
广 东	36 190	37 048	85 160	15 469	4 195	4 175	24 727	18 017
广 西	4 794	20 489	56 505	1 350	66	673		
海 南	36 259	19 794	46 519	4 004	3 386	363	12 409	12 145

各地区海洋捕捞产量(按品种分)(三)

单位:吨

地区	1. 鱼类(续)							
	其中(续)							
	梅童鱼	方头鱼	玉筋鱼	带鱼	金线鱼	梭鱼	鲐鱼	鲅鱼
全国总计	**220 032**	**39 778**	**88 478**	**916 693**	**329 187**	**111 110**	**414 710**	**348 929**
天　津				170		674	859	1 227
河　北	168		122	2 131		9 471	6 410	8 353
辽　宁	4 029	188	2 766	7 238		11 963	24 542	40 234
上　海	14			128			25	21
江　苏	55 568	151	345	46 332	39	7 341	4 008	6 607
浙　江	137 811	15 590	26 157	376 097	1 514	7 233	168 919	77 503
福　建	17 301	4 000	10 817	133 916	8 634	14 684	130 728	40 382
山　东			33 776	74 130		25 184	29 906	146 654
广　东	2 750	7 621	2 234	117 836	76 320	23 380	28 894	24 248
广　西		37		24 953	28 116	7 506	9 670	1 988
海　南	2 391	12 191	12 261	133 762	214 564	3 674	10 749	1 712

各地区海洋捕捞产量(按品种分)(四)

单位:吨

地区	1. 鱼类(续)					2.甲壳类	(1)虾	
	其中(续)							其中
	金枪鱼	鲳鱼	马面鲀	竹筴鱼	鲻鱼			毛虾
全国总计	**38 196**	**326 621**	**127 669**	**39 966**	**83 344**	**1 917 943**	**1 270 481**	**389 217**
天　津						1 180	816	170
河　北		2 480	609		3 602	42 445	29 890	5 773
辽　宁	100	781	269		6 523	95 957	65 659	21 342
上　海		77		7		7 473	852	
江　苏		28 698	824	20	9 885	131 877	43 642	22 637
浙　江	3 367	101 578	18 545	1 332	9 162	726 750	533 889	160 265
福　建	3 074	56 363	32 709	10 092	19 547	287 298	171 304	49 909
山　东		32 528	1 584			218 291	176 427	57 435
广　东	13 825	62 690	37 082	4 923	15 906	208 705	135 825	32 940
广　西		8 841	20 498	182	7 509	129 840	72 379	29 877
海　南	17 830	32 585	15 549	23 410	11 210	68 127	39 798	8 869

各地区海洋捕捞产量(按品种分)(五)

单位:吨

地 区	2. 甲壳类(续)						
	(1)虾(续)			(2)蟹	其 中		
	其中(续)						
	对虾	鹰爪虾	虾蛄		梭子蟹	青蟹	蟳
全国总计	**215 435**	**240 249**	**221 355**	**647 462**	**458 380**	**79 153**	**24 259**
天 津	9		527	364	214		
河 北	1 412	2 073	15 888	12 555	7 686	47	508
辽 宁	4 548	4 117	27 740	30 298	15 139	4 442	6 153
上 海	19	582		6 621	5 317		
江 苏	2 272	7 823	7 191	88 235	80 572	2 157	1 009
浙 江	65 797	139 770	55 106	192 861	163 408	3 020	5 439
福 建	27 110	39 616	33 201	115 994	78 124	14 992	4 319
山 东	16 790	22 034	49 595	41 864	27 513	124	1 518
广 东	60 315	12 475	22 168	72 880	39 000	29 057	2 862
广 西	17 753	8 722	6 610	57 461	29 800	10 538	2 036
海 南	19 410	3 037	3 329	28 329	11 607	14 776	415

各地区海洋捕捞产量(按品种分)(六)

单位:吨

地 区	3. 贝类	4. 藻类	5. 头足类	其 中			6. 其他类	其中
				乌贼	鱿鱼	章鱼		海蜇
全国总计	**411 943**	**17 438**	**569 204**	**131 067**	**289 987**	**106 014**	**256 170**	**145 794**
天 津	1 327		560	28	390	142	108	
河 北	18 878		10 311	1 413	1 553	6 157	15 369	10 219
辽 宁	49 261	311	22 384	3 286	12 518	4 289	37 410	11 725
上 海	3		216	31	20	165	6	
江 苏	37 905	765	12 969	1 981	6 838	3 479	21 746	13 156
浙 江	20 454	1 203	128 150	34 207	66 078	22 291	26 110	5 327
福 建	34 257	1 757	110 002	30 757	55 527	17 323	13 354	11 046
山 东	139 442	1 212	88 123	9 801	38 053	30 547	66 278	45 759
广 东	41 895	5 729	57 379	13 972	21 466	10 691	27 962	11 686
广 西	48 681		40 266	14 363	19 658	5 711	34 178	32 298
海 南	19 840	6 461	98 844	21 228	67 886	5 219	13 649	4 578

各地区海洋捕捞产量(按海域分)

单位:吨

地区	海洋捕捞产量	按捕捞海域分			
		1. 渤海	2. 黄海	3.东海	4. 南海
全国总计	**10 001 515**	**629 572**	**2 292 305**	**4 075 847**	**3 003 791**
天　津	26 952	4 853	22 099		
河　北	190 932	147 350	43 582		
辽　宁	487 098	189 406	289 566	8 126	
上　海	12 592			12 592	
江　苏	445 577	387	396 695	48 495	
浙　江	2 723 652		150 554	2 573 098	
福　建	1 611 613			1 433 536	178 077
山　东	1 677 385	287 576	1 389 809		
广　东	1 195 747				1 195 747
广　西	550 819				550 819
海　南	1 079 148				1 079 148

各地区海洋捕捞产量(按渔具分)

单位:吨

地区	海洋捕捞产量	按捕捞渔具分					
		1. 拖网	2. 围网	3.刺网	4. 张网	5. 钓具	6. 其他
全国总计	**10 001 515**	**4 766 005**	**823 311**	**2 241 845**	**1 150 760**	**352 894**	**666 700**
天　津	26 952	18 207	3 067	4 741	100		837
河　北	190 932	43 293	2 081	73 337	41 010	10	31 201
辽　宁	487 098	165 020	4 916	228 743	39 726	12 662	36 031
上　海	12 592	11 418		580	594		
江　苏	445 577	63 005	3 939	133 266	175 731	224	69 412
浙　江	2 723 652	1 559 953	141 321	328 642	494 385	48 214	151 137
福　建	1 611 613	642 089	247 739	230 108	266 046	50 476	175 155
山　东	1 677 385	1 138 012	25 893	360 575	95 645	14 191	43 069
广　东	1 195 747	590 875	120 237	355 141	5 844	78 780	44 870
广　西	550 819	363 245	50 678	70 592	152	6 286	59 866
海　南	1 079 148	170 888	223 440	456 120	31 527	142 051	55 122

各地区淡水捕捞产量(按品种分)

单位:吨

地 区	淡水捕捞产量	1. 鱼类	2. 甲壳类	虾	蟹	3.贝类	4. 藻类	5. 其他类	其中:丰年虫
全国总计	**1 841 221**	**1 383 929**	**234 810**	**195 931**	**38 879**	**204 830**	**7**	**17 645**	**234**
北 京	2 450	2 450							
天 津	5 157	4 304	669	503	166	155		29	
河 北	35 523	33 738	1 754	1 429	325	24	1	6	
山 西	2 267	2 163	24	21	3			80	80
内 蒙 古	14 052	13 955	33	31	2			64	54
辽 宁	39 115	33 264	5 131	2 217	2 914	162		558	
吉 林	19 125	18 142	713	706	7	270			
黑 龙 江	40 000	39 176	88	88		735		1	
上 海	993	964	13	11	2			16	
江 苏	292 062	173 367	47 392	36 232	11 160	67 394		3 909	
浙 江	159 809	118 025	11 151	8 368	2 783	29 328		1 305	
安 徽	205 079	141 068	40 991	36 375	4 616	20 483		2 537	
福 建	71 101	48 589	4 776	3 943	833	16 978		758	
江 西	167 567	107 975	33 503	31 569	1 934	23 217		2 872	
山 东	89 290	72 672	13 172	9 078	4 094	3 167		279	
河 南	112 255	93 300	13 588	13 152	436	5 354		13	
湖 北	161 750	130 520	26 244	24 032	2 212	3 272		1 714	
湖 南	80 905	66 400	9 461	8 409	1 052	3 665		1 379	
广 东	108 998	75 469	12 830	8 446	4 384	20 085	2	612	
广 西	91 050	75 716	6 141	5 139	1 002	8 094		1 099	
海 南	17 081	15 541	312	210	102	1 228			
重 庆	17 601	15 932	1 468	1 279	189	201			
四 川	38 854	36 117	2 333	2 090	243	326		78	
贵 州	10 599	9 558	965	918	47	46		30	
云 南	30 363	28 044	1 595	1 543	52	638	4	82	
西 藏	310	210						100	100
陕 西	5 012	4 745	135	105	30	8		124	
甘 肃									
青 海									
宁 夏	8 127	8 111	16		16				
新 疆	14 726	14 414	312	37	275				

2-4 远洋渔业

各地区远洋渔业

单位:吨、万元

地　　区	远洋捕捞产量	运回国内量	境外出售量	远洋渔业总产值	2019年比2018年增减(±) 远洋捕捞产量	运回国内量	境外出售量	远洋渔业总产值
全国总计	**2 170 152**	**1 315 719**	**854 433**	**2 435 387**	**-87 298**	**-146 625**	**59 327**	**-191 879**
北　　京	6 661	3 042	3 619	6 772	4 955	1 769	3 186	3 986
天　　津	7 973	5 930	2 043	7 650	-6 068	-3 968	-2 100	-4 611
河　　北	55 906	2 900	53 006	15 986	-9 575	1 067	-10 642	-705
辽　　宁	264 924	111 064	153 860	293 045	-17 181	-2 684	-14 497	-8 314
上　　海	183 137	144 000	39 137	197 794	30 244	46 199	-15 955	12 926
江　　苏	9 370	7 678	1 692	11 717	-5 439	4 548	-9 987	-8 715
浙　　江	442 155	394 334	47 821	569 691	-107 391	-80 654	-26 737	-86 086
福　　建	516 508	286 426	230 082	440 602	37 852	23 534	14 318	2 222
山　　东	413 716	229 152	184 564	499 116	-33 823	-131 269	97 446	-85 022
广　　东	67 840	23 073	44 767	111 281	15 012	6 903	8 109	17 326
广　　西	18 126	595	17 531	12 944	-3 787	305	-4 092	-2 950
海　　南								
中农发集团	183 836	107 525	76 311	268 789	7 903	-12 375	20 278	-31 936

各地区远洋渔业主要品种产量

单位:吨

地　　区	远洋捕捞产量	其中 金枪鱼	鱿鱼	竹筴鱼
全国总计	**2 170 152**	**423 760**	**432 812**	**22 894**
北　　京	6 661	477	2 861	
天　　津	7 973	261	128	
河　　北	55 906		2 937	
辽　　宁	264 924	36 488	5 511	
上　　海	183 137	121 040	2 235	22 894
江　　苏	9 370	773	7 031	
浙　　江	442 155	117 590	244 490	
福　　建	516 508	20 407	42 913	
山　　东	413 716	51 501	91 444	
广　　东	67 840	22 075	1 459	
广　　西	18 126			
海　　南				
中农发集团	183 836	53 148	31 803	

第三部分

生产要素

3-1　水产养殖面积

全国水产养殖面积(按水域和养殖方式分)

单位:公顷

指　标		2019 年	2018 年	2019 年比 2018 年增减(±)	
				绝对量	幅度(%)
总　计		**7 108 497**	**7 189 524**	**-81 027**	**-1.13**
1. 海水养殖		1 992 177	2 043 069	-50 892	-2.49
按水域分	海上	1 105 763	1 140 199	-34 436	-3.02
	滩涂	584 778	596 483	-11 705	-1.96
	其他	301 636	306 387	-4 751	-1.55
养殖方式中	池塘	376 091	400 163	-24 072	-6.02
	普通网箱(米^2)	22 926 367	51 795 309	-28 868 942	-55.74
	深水网箱(米^3)	19 358 969	13 479 665	5 879 304	43.62
	筏式	325 314	339 123	-13 809	-4.07
	吊笼	139 827	131 142	8 685	6.62
	底播	896 485	932 563	-36 078	-3.87
	工厂化(米^3)	35 152 943	33 736 741	1 416 202	4.20
2. 淡水养殖		5 116 320	5 146 455	-30 135	-0.59
按水域分	池塘	2 644 726	2 666 835	-22 109	-0.83
	湖泊	770 093	746 155	23 938	3.21
	水库	1 416 569	1 441 670	-25 101	-1.74
	河沟	155 390	179 414	-24 024	-13.39
	其他	129 542	112 381	17 161	15.27
	稻田养成鱼	2 317 488	2 028 262	289 226	14.26
养殖方式中	围栏(米^2)	117 502 974	296 482 148	-178 979 174	-60.37
	网箱(米^2)	23 277 915	41 183 079	-17 905 164	-43.48
	工厂化(米^3)	54 579 776	48 142 207	6 437 569	13.37

全国海水养殖面积(按品种分)

单位:公顷

指　　标	2019 年	2018 年	2019 年比 2018 年增减(±)	
			绝对量	幅度(%)
海水养殖	**1 992 177**	**2 043 069**	**-50 892**	**-2.49**
1. 鱼类	75 351	75 123	228	0.30
2. 甲壳类	287 855	295 010	-7 155	-2.43
虾	237 427	243 570	-6 143	-2.52
其中:南美白对虾	168 044	167 025	1 019	0.61
斑节对虾	11 236	10 991	245	2.23
中国对虾	18 546	22 024	-3 478	-15.79
日本对虾	21 443	23 801	-2 358	-9.91
蟹	50 428	51 440	-1 012	-1.97
其中:梭子蟹	21 754	23 017	-1 263	-5.49
青蟹	24 055	23 129	926	4.00
3. 贝类	1 204 247	1 241 107	-36 860	-2.97
牡蛎	145 086	144 377	709	0.49
鲍	14 691	14 014	677	4.83
螺	38 299	37 433	866	2.31
蚶	33 638	38 191	-4 553	-11.92
贻贝	47 155	34 578	12 577	36.37
江珧	815	582	233	40.03
扇贝	414 449	443 707	-29 258	-6.59
蛤	383 943	383 132	811	0.21
蛏	44 538	50 750	-6 212	-12.24
4. 藻类	141 737	144 153	-2 416	-1.68
海带	44 494	45 100	-606	-1.34
裙带菜	6 947	7 235	-288	-3.98
紫菜	74 755	76 243	-1 488	-1.95
江蓠	9 388	9 020	368	4.08
麒麟菜	77	114	-37	-32.46
石花菜				
羊栖菜	1 329	1 304	25	1.92
苔菜				
5. 其他类	282 987	287 676	-4 689	-1.63
其中:海参	246 745	238 183	8 562	3.59
海胆	8 993	9 910	-917	-9.25
海水珍珠	2 061	2 008	53	2.64
海蜇	12 460	14 834	-2 374	-16.00

各地区水产养殖面积(一)

单位:公顷

地区	2019年				2018年				2019年比2018年增减(±)			
	总面积	海水养殖面积	淡水养殖面积	其中:池塘	总面积	海水养殖面积	淡水养殖面积	其中:池塘	总面积	海水养殖面积	淡水养殖面积	其中:池塘
全国总计	**7 108 497**	**1 992 177**	**5 116 320**	**2 644 726**	**7 189 524**	**2 043 069**	**5 146 455**	**2 666 835**	**-81 027**	**-50 892**	**-30 135**	**-22 109**
北京	2 192		2 192	2 169	2 606		2 606	2 568	-414		-414	-399
天津	23 900	813	23 087	22 739	30 570	2 759	27 811	24 702	-6 670	-1 946	-4 724	-1 963
河北	143 014	107 041	35 973	21 962	151 909	111 404	40 505	21 810	-8 895	-4 363	-4 532	152
山西	12 418		12 418	2 642	11 305		11 305	2 397	1 113		1 113	245
内蒙古	129 199		129 199	17 921	112 821		112 821	19 283	16 378		16 378	-1 362
辽宁	839 645	661 817	177 828	37 977	870 224	693 190	177 034	37 213	-30 579	-31 373	794	764
吉林	330 204		330 204	32 757	325 493		325 493	32 603	4 711		4 711	154
黑龙江	400 323		400 323	108 966	400 310		400 310	109 064	13		13	-98
上海	11 817		11 817	10 463	12 826		12 826	11 662	-1 009		-1 009	-1 199
江苏	603 089	179 951	423 138	308 712	631 630	186 641	444 989	327 348	-28 541	-6 690	-21 851	-18 636
浙江	255 060	82 019	173 041	94 544	260 688	80 924	179 764	95 020	-5 628	1 095	-6 723	-476
安徽	483 012		483 012	202 732	487 169		487 169	198 875	-4 157		-4 157	3 857
福建	250 064	163 713	86 351	35 161	248 363	162 464	85 899	34 495	1 701	1 249	452	666
江西	411 531		411 531	161 909	408 404		408 404	164 031	3 127		3 127	-2 122
山东	758 895	561 501	197 394	122 510	782 255	570 857	211 398	123 684	-23 360	-9 356	-14 004	-1 174

各地区水产养殖面积（二）

单位：公顷

地区	2019年				2018年				2019年比2018年增减（±）			
	总面积	海水养殖面积	淡水养殖面积	其中：池塘	总面积	海水养殖面积	淡水养殖面积	其中：池塘	总面积	海水养殖面积	淡水养殖面积	其中：池塘
河南	139 903		139 903	110 512	148 052		148 052	116 571	-8 149		-8 149	-6 059
湖北	531 552		531 552	531 552	535 148		535 148	535 148	-3 596		-3 596	-3 596
湖南	425 678		425 678	258 321	419 303		419 303	255 255	6 375		6 375	3 066
广东	478 212	164 990	313 222	244 772	478 897	165 614	313 283	244 478	-685	-624	-61	294
广西	183 193	49 822	133 371	60 702	183 302	47 844	135 458	59 216	-109	1 978	-2 087	1 486
海南	51 737	20 510	31 227	20 574	52 172	21 372	30 800	19 048	-435	-862	427	1 526
重庆	82 817		82 817	53 091	83 024		83 024	53 043	-207		-207	48
四川	193 096		193 096	99 978	190 083		190 083	98 351	3 013		3 013	1 627
贵州	61 532		61 532	11 747	47 664		47 664	9 411	13 868		13 868	2 336
云南	93 939		93 939	25 397	94 429		94 429	23 368	-490		-490	2 029
西藏	3		3	3	4		4	4	-1		-1	-1
陕西	51 156		51 156	12 697	41 500		41 500	10 210	9 656		9 656	2 487
甘肃	6 131		6 131	1 534	6 542		6 542	1 594	-411		-411	-60
青海	17 400		17 400	340	17 400		17 400	340				
宁夏	23 494		23 494	11 056	35 007		35 007	14 709	-11 513		-11 513	-3 653
新疆	114 291		114 291	19 286	120 424		120 424	21 334	-6 133		-6 133	-2 048

各地区海水养殖面积(按品种分)(一)

单位:公顷

地区	海水养殖面积	1.鱼类	2.甲壳类					
				虾	其中			
					南美白对虾	斑节对虾	中国对虾	日本对虾
全国总计	**1 992 177**	**75 351**	**287 855**	**237 427**	**168 044**	**11 236**	**18 546**	**21 443**
天津	813	6	807	807	807			
河北	107 041	512	23 089	21 636	12 119	70	5 008	3 747
辽宁	661 817	6 612	18 280	17 406	3 448		7 524	5 923
上海								
江苏	179 951	8 492	19 607	12 202	2 687	2 368	1 496	137
浙江	82 019	3 276	24 553	9 431	6 431	139	135	302
福建	163 713	15 216	23 151	14 678	9 472	1 456	957	2 353
山东	561 501	4 410	84 041	77 342	61 563	228	3 126	7 982
广东	164 990	29 570	61 864	53 579	42 811	6 574	300	984
广西	49 822	1 890	19 618	18 560	18 443	102		15
海南	20 510	5 367	12 845	11 786	10 263	299		

各地区海水养殖面积(按品种分)(二)

单位:公顷

地区	2.甲壳类(续)			3.贝类					
	蟹	其中			其中				
		梭子蟹	青蟹		牡蛎	鲍	螺	蚶	贻贝
全国总计	**50 428**	**21 754**	**24 055**	**1 204 247**	**145 086**	**14 691**	**38 299**	**33 638**	**47 155**
天津									
河北	1 453	627		74 688	113		1 163	3 270	
辽宁	874	784		458 200	22 497	1 362		13 388	3 288
上海									
江苏	7 405	7 305	100	108 758	2 627		19 062	4 488	5 591
浙江	15 122	2 717	10 802	36 479	4 117	20	3 872	5 714	1 806
福建	8 473	3 944	4 053	78 144	36 943	6 191	452	3 286	1 681
山东	6 699	5 872		351 904	35 259	6 331	4 391	1 063	30 660
广东	8 285	441	7 066	66 977	27 510	778	5 901	2 203	3 986
广西	1 058		1 058	27 274	15 857		3 106	187	143
海南	1 059	64	976	1 823	163	9	352	39	

各地区海水养殖面积(按品种分)(三)

单位:公顷

地区	3. 贝类(续)				4. 藻类				
	其中(续)					其中			
	江珧	扇贝	蛤	蛏		海带	裙带菜	紫菜	江蓠
全国总计	**815**	**414 449**	**383 943**	**44 538**	**141 737**	**44 494**	**6 947**	**74 755**	**9 388**
天　津									
河　北		48 304	15 493	172	7	7			
辽　宁		230 184	138 894	3 440	13 211	7 388	5 763		
上　海									
江　苏			69 193	3 812	41 887	220		41 667	
浙　江		73	6 935	12 933	17 324	1 109		15 226	
福　建		260	14 167	13 610	43 856	20 414		14 834	6 846
山　东	80	130 362	116 356	9 981	22 331	15 245	1 164	2 242	1 000
广　东	735	4 870	15 666	501	2 692	111	20	786	1 428
广　西		148	6 297	89					
海　南		248	942		429				114

各地区海水养殖面积(按品种分)(四)

单位:公顷

地区	4. 藻类(续)				5. 其他				
	其中(续)					其中			
	麒麟菜	石花菜	羊栖菜	苔菜		海参	海胆	海水珍珠	海蜇
全国总计	**77**		**1 329**		**282 987**	**246 745**	**8 993**	**2 061**	**12 460**
天　津									
河　北					8 745	8 528			69
辽　宁					165 514	151 082	1 641		9 768
上　海									
江　苏					1 207	462			701
浙　江			947		387	29			200
福　建			382		3 346	1 540			1 489
山　东					98 815	84 814	5 536		207
广　东					3 887	286	1 816	1 253	26
广　西					1 040			808	
海　南	77				46	4			

各地区海水养殖面积(按水域和养殖方式分类)(一)

单位:公顷

地　　区	海水养殖面积	按养殖水域分			养殖方式中	
		1. 海上	2. 滩涂	3.其他	1. 池塘	2. 普通网箱(米^2)
全国总计	**1 992 177**	**1 105 763**	**584 778**	**301 636**	**376 091**	**22 926 367**
天　津	813			813	813	
河　北	107 041	59 900	22 147	24 994	28 121	
辽　宁	661 817	463 689	112 151	85 977	70 597	373 071
上　海						
江　苏	179 951	47 233	113 357	19 361	31 516	
浙　江	82 019	22 705	35 815	23 499	25 629	619 192
福　建	163 713	87 314	46 997	29 402	21 895	14 682 814
山　东	561 501	354 086	161 668	45 747	97 674	2 179 784
广　东	164 990	48 665	65 728	50 597	67 754	3 446 924
广　西	49 822	18 760	17 019	14 043	16 123	612 493
海　南	20 510	3 411	9 896	7 203	15 969	1 012 089

各地区海水养殖面积(按水域和养殖方式分类)(二)

单位:公顷

地　　区	养殖方式中(续)				
	3. 深水网箱(米^3)	4. 筏式	5. 吊笼	6. 底播	7. 工厂化(米^3)
全国总计	**19 358 969**	**325 314**	**139 827**	**896 485**	**35 152 943**
天　津					179 400
河　北		48 417		17 017	3 552 500
辽　宁	193 000	47 517	15 696	457 404	2 794 071
上　海					
江　苏		42 974	200	94 638	659 920
浙　江	4 569 142	19 983	130	22 309	2 233 665
福　建	1 107 212	44 062	6 392	14 056	12 627 454
山　东	2 045 307	98 439	113 775	237 480	11 100 994
广　东	3 008 686	16 996	3 406	44 692	1 451 668
广　西	2 128 840	6 926	170	7 977	283 060
海　南	6 306 782		58	912	270 211

各地区淡水养殖面积(按水域和养殖方式分)(一)

单位:公顷

地　　区	淡水养殖面积	按　水　域　分			
		1. 池塘	2. 湖泊	3.水库	4. 河沟
全国总计	**5 116 320**	**2 644 726**	**770 093**	**1 416 569**	**155 390**
北　　京	2 192	2 169			
天　　津	23 087	22 739		220	23
河　　北	35 973	21 962	1 104	11 891	664
山　　西	12 418	2 642	613	9 162	
内 蒙 古	129 199	17 921	51 476	56 441	3 361
辽　　宁	177 828	37 977		83 157	5 903
吉　　林	330 204	32 757	115 638	181 471	330
黑 龙 江	400 323	108 966	135 716	130 883	18 407
上　　海	11 817	10 463	567		787
江　　苏	423 138	308 712	55 861	7 070	29 374
浙　　江	173 041	94 544	2 132	65 398	9 252
安　　徽	483 012	202 732	152 848	80 700	38 724
福　　建	86 351	35 161	628	43 334	3 881
江　　西	411 531	161 909	109 204	127 183	10 288
山　　东	197 394	122 510	3 723	67 485	
河　　南	139 903	110 512	2 375	22 672	4 329
湖　　北	531 552	531 552			
湖　　南	425 678	258 321	55 043	101 511	1 080
广　　东	313 222	244 772	1 643	58 284	1 352
广　　西	133 371	60 702		67 209	3 541
海　　南	31 227	20 574	52	10 452	5
重　　庆	82 817	53 091		28 375	1 350
四　　川	193 096	99 978	4 750	72 207	15 997
贵　　州	61 532	11 747	243	45 069	2 232
云　　南	93 939	25 397	6 182	60 432	1 360
西　　藏	3	3			
陕　　西	51 156	12 697	7 959	28 325	1 887
甘　　肃	6 131	1 534	25	4 430	2
青　　海	17 400	340	4 233	12 827	
宁　　夏	23 494	11 056	10 722	1 224	492
新　　疆	114 291	19 286	47 356	39 157	769

各地区淡水养殖面积(按水域和养殖方式分)(二)

单位:公顷

地　　区	按水域分(续)		养殖方式中		
	5. 其他	6. 稻田	围栏(米^2)	网箱(米^2)	工厂化(米^3)
全国总计	**129 542**	**2 317 488**	**117 502 974**	**23 277 915**	**54 579 776**
北　京	23				143 946
天　津	105	3 794			58 000
河　北	352	1 946	40 000	18 480	1 082 018
山　西	1	279		4 692	280
内蒙古		6 756	18 000 000		15 300
辽　宁	50 791	59 056	550 000	815 489	112 912
吉　林	8	35 911	1 265 870	70 800	46 700
黑龙江	6 351	59 189		69 000	1 200
上　海		979			26 000
江　苏	22 121	192 120	18 582 681	1 246 435	2 252 634
浙　江	1 715	51 982	1 943 200	509 662	8 762 935
安　徽	8 008	271 892	28 878 720	6 025 721	874 584
福　建	3 347	16 233	38 670	833 808	19 430 820
江　西	2 947	101 122	3 496 361	204 296	1 538 675
山　东	3 676	3 918	300 376	36 269	4 427 187
河　南	15	55 617		202 221	237 599
湖　北		459 850			7 345 000
湖　南	9 723	313 011		1 692 597	426 847
广　东	7 171	3 690	40 000	126 649	69 214
广　西	1 919	47 064	26 116 228	8 913 604	126 023
海　南	144	12		26 800	
重　庆	1	35 801			22 618
四　川	164	312 765		13 610	1 339 460
贵　州	2 241	179 312			28 787
云　南	568	97 379	2 033 435	1 991 638	1 426 042
西　藏					
陕　西	288	4 622	16 217 433	76 259	4 566 679
甘　肃	140			56 453	6 547
青　海				313 432	
宁　夏		2 908			
新　疆	7 723	280		30 000	211 769

3-2 水产苗种

全国水产苗种数量

指　　标	计量单位	2019 年	2018 年	2019 年比 2018 年增减(±)	
				绝对量	幅度(%)
淡水鱼苗产量	**亿尾**	**12 517**	**13 110**	**-593**	**-4. 52**
其中:罗非鱼	亿尾	215	201	14	6. 94
淡水鱼种产量	吨	3 553 948	3 587 746	-33 798	-0. 94
投放鱼种产量	吨	4 093 655	4 085 689	7 966	0. 19
河蟹育苗量	千克	936 617	891 829	44 788	5. 02
扣蟹	千克	67 989 822	62 118 402	5 871 420	9. 45
稚鳖数量	万只	60 920	61 771	-851	-1. 38
稚龟数量	万只	13 456	13 024	432	3. 32
鳗苗捕捞量	千克	11 992	12 716	-724	-5. 69
海水鱼苗产量	**万尾**	**1 143 960**	**1 283 998**	**-140 038**	**-10. 91**
其中:大黄鱼	万尾	341 646	325 675	15 971	4. 90
鲆鱼	万尾	48 084	34 787	13 297	38. 22
虾类育苗量	亿尾	18 121	13 418	4 703	35. 05
其中:南美白对虾	亿尾	15 070	10 225	4 845	47. 39
贝类育苗量	万粒	252 219 677	280 816 005	-28 596 328	-10. 18
其中:鲍鱼育苗量	万粒	865 215	823 999	41 216	5. 00
海带育苗量	亿株	370	490	-121	-24. 63
紫菜育苗量	亿贝壳	11	12	-1	-8. 34
海参	亿头	525	562	-37	-6. 57

各地区水产苗种数量(一)

地　　区	淡水鱼苗（亿尾）	其中:罗非鱼（亿尾）	淡水鱼种（吨）	投放鱼种（吨）	河蟹育苗（千克）	扣蟹（千克）
全国总计	**12 517.29**	**214.85**	**3 553 948**	**4 093 655**	**936 617**	**67 989 822**
北　京	12.18		1 931	4 404		
天　津	47.20		15 451	22 826	125	30 818
河　北	34.48	0.22	20 588	31 580	300	2 570
山　西	1.73		3 442	5 688		
内蒙古	2.28		9 220	13 312		
辽　宁	74.00		96 303	96 286	80 700	30 727 665
吉　林	11.90		12 590	19 930		65 707
黑龙江	13.13		47 136	58 678		
上　海	10.07		2 450	9 360		5 911 000
江　苏	472.90	0.44	269 408	407 994	844 110	10 294 661
浙　江	185.82	0.53	51 588	86 286	575	39 375
安　徽	446.74	1.25	297 868	375 422		11 502 039
福　建	34.39	7.26	17 056	40 142		
江　西	370.32	2.87	297 107	411 433	4 818	156 610
山　东	55.59	0.26	91 527	130 087	5 989	52 126
河　南	58.62		88 631	99 487		41 615
湖　北	1 191.18		1 057 890	1 025 553		9 025 097
湖　南	510.45		432 674	372 706		20
广　东	7 773.60	101.63	221 508	192 687		
广　西	543.99	18.73	126 994	137 102		13
海　南	62.30	57.30		4 678		
重　庆	91.10	1.75	87 651	104 154		
四　川	282.97	0.93	180 888	260 690		
贵　州	69.40		10 791	22 795		1 780
云　南	125.46	21.53	63 086	111 270		40 710
西　藏	0.37		23	23		
陕　西	6.28	0.15	10 162	9 642		60 000
甘　肃	0.75		2 239	2 465		4 216
青　海	0.01			80		1 800
宁　夏	10.08		22 818	22 732		32 000
新　疆	18.00		14 928	14 163		

各地区水产苗种数量(二)

地　　区	稚鳖(万只)	稚龟(万只)	鳗苗捕捞(千克)	海水鱼苗(万尾)	其中	
					大黄鱼(万尾)	鲆鱼(万尾)
全国总计	**60 919.66**	**13 456.42**	**11 992**	**1 143 959.72**	**341 646.12**	**48 084.00**
北　　京	5.00	2.00				
天　　津	95.00			2 779.00		1 994.00
河　　北	717.02			4 273.00		1 722.00
山　　西	165.00					
内 蒙 古						
辽　　宁	2.00			3 514.00		3 078.00
吉　　林						
黑 龙 江						
上　　海	5.00	23.00	61			
江　　苏	3 232.00	644.00	4 677	13 380.00	1 800.00	75.00
浙　　江	10 676.21	1 035.67	960	49 650.00	38 052.00	
安　　徽	7 174.55	667.97				
福　　建	91.50	12.00	6 259	427 593.00	301 397.00	220.00
江　　西	11 688.76	5 789.07				
山　　东	1 900.00			89 996.00	100.00	40 562.00
河　　南	1 819.00	57.00				
湖　　北	6 538.00	2 460.00				
湖　　南	3 783.41	1 071.37				
广　　东	6 053.00	987.00	35	452 314.00	265.00	433.00
广　　西	6 398.44	574.92		40.22	32.12	
海　　南	8.00	122.00		100 420.50		
重　　庆	84.10	1.20				
四　　川	422.20	7.20				
贵　　州	3.88	2.00				
云　　南	0.09	0.02				
西　　藏						
陕　　西	54.50					
甘　　肃	3.00					
青　　海						
宁　　夏						
新　　疆						

各地区水产苗种数量(三)

地　　区	虾类育苗(亿尾)	其中:南美白对虾(亿尾)	贝类育苗(万粒)	其中:鲍鱼(万粒)	海带(亿株)	紫菜(亿贝壳)	海参(亿头)
全国总计	**18 120.98**	**15 070.33**	**252 219 677**	**865 215**	**369.51**	**11.44**	**524.99**
北　　京							
天　　津	48.30	36.30					
河　　北	421.95	398.10	250 000				10.13
山　　西							
内 蒙 古							
辽　　宁	136.00	90.00	6 874 447	19 715	6.00		189.00
吉　　林							
黑 龙 江							
上　　海							
江　　苏	301.05	255.75	20 000			4.65	
浙　　江	268.42	45.60	51 220 506			1.60	
安　　徽	226.24		59 515				
福　　建	4 676.42	4 431.27	144 547 559	665 365	293.51	5.12	
江　　西	15.94		13 100				
山　　东	4 324.00	3 368.00	48 706 982	21 550	70.00		325.30
河　　南	13.38						
湖　　北	586.00						
湖　　南							
广　　东	4 968.00	4 321.00	310 932	158 485		0.07	0.06
广　　西	217.12	214.26	91 615	100			
海　　南	1 910.87	1 909.30	125 021				0.50
重　　庆	3.90						
四　　川	1.79						
贵　　州							
云　　南	0.95	0.10					
西　　藏							
陕　　西							
甘　　肃	0.65	0.65					
青　　海							
宁　　夏							
新　　疆							

3-3 年末渔船拥有量

全国渔船年末拥有量（一）

指标		2019 年			2018 年			2019 年比 2018 年增减（±）		
		艘	总吨	千瓦	艘	总吨	千瓦	艘	总吨	千瓦
渔船合计		**731 169**	**10 402 357**	**19 905 327**	**863 892**	**10 801 514**	**20 735 788**	**-132 723**	**-399 157**	**-830 461**
机动渔船合计		468 312	10 048 442	19 905 327	556 150	10 414 394	20 735 788	-87 838	-365 952	-830 461
1. 生产渔船		451 537	8 988 192	17 651 971	533 906	9 311 809	18 419 325	-82 369	-323 617	-767 354
（1）捕捞渔船		334 976	8 552 017	16 100 724	374 674	8 667 138	16 530 132	-39 698	-115 121	-429 408
441 千瓦（含）以上		3 041	1 660 055	2 765 850	2 928	1 509 560	2 599 263	113	150 495	166 587
44.1（含）~441 千瓦		51 704	5 721 910	9 556 433	54 372	5 762 682	9 702 044	-2 668	-40 772	-145 611
44.1 千瓦以下		280 231	1 170 052	3 778 441	317 374	1 394 896	4 228 825	-37 143	-224 844	-450 384
（2）养殖渔船		116 561	436 175	1 551 247	159 232	644 671	1 889 193	-42 671	-208 496	-337 946
2. 辅助渔船		16 775	1 060 250	2 253 356	22 244	1 102 585	2 316 463	-5 469	-42 335	-63 107
（1）捕捞辅助船		13 042	936 168	1 505 731	18 559	935 286	1 596 224	-5 517	882	-90 493
（2）渔业执法船		2 806	80 704	656 932	2 716	77 371	608 197	90	3 333	48 735
机动渔船按船长分	24 米（含）以上	36 750	7 149 161	11 198 186	37 140	6 952 173	11 034 561	-390	196 988	163 625
	12（含）~24 米	61 946	1 729 050	3 967 597	72 700	1 931 800	4 210 717	-10 754	-202 750	-243 120
	12 米以下	369 616	1 170 231	4 739 544	446 310	1 530 433	5 490 676	-76 694	-360 202	-751 132
非机动渔船合计		262 857	353 915		307 742	387 120		-44 885	-33 205	

全国渔船年末拥有量(二)

指标		总数			海洋渔船			内陆渔船		
		艘	总吨	千瓦	艘	总吨	千瓦	艘	总吨	千瓦
渔船合计		**731 169**	**10 402 357**	**19 905 327**	**224 893**	**9 236 997**	**16 535 208**	**506 276**	**1 165 360**	**3 370 119**
机动渔船合计		468 312	10 048 442	19 905 327	220 361	9 228 396	16 535 208	247 951	820 046	3 370 119
1. 生产渔船		451 537	8 988 192	17 651 971	208 889	8 206 238	14 553 907	242 648	781 954	3 098 064
(1)捕捞渔船		334 976	8 552 017	16 100 724	146 951	7 917 408	13 547 244	188 025	634 609	2 553 480
441 千瓦(含)以上		3 041	1 660 055	2 765 850	3 023	1 656 631	2 731 649	18	3 424	34 201
44.1(含)~441 千瓦		51 704	5 721 910	9 556 433	49 546	5 665 386	9 376 375	2 158	56 524	180 058
44.1 千瓦以下		280 231	1 170 052	3 778 441	94 382	595 391	1 439 220	185 849	574 661	2 339 221
(2)养殖渔船		116 561	436 175	1 551 247	61 938	288 830	1 006 663	54 623	147 345	544 584
2. 辅助渔船		16 775	1 060 250	2 253 356	11 472	1 022 158	1 981 301	5 303	38 092	272 055
(1)捕捞辅助船		13 042	936 168	1 505 731	10 246	921 371	1 463 034	2 796	14 797	42 697
(2)渔业执法船		2 806	80 704	656 932	554	54 326	424 367	2 252	26 378	232 565
机动渔船按船长分	24 米(含)以上	36 750	7 149 161	11 198 186	36 233	7 115 526	11 141 693	517	33 635	56 493
	12(含)~24 米	61 946	1 729 050	3 967 597	38 119	1 469 520	3 320 230	23 827	259 530	647 367
	12 米以下	369 616	1 170 231	4 739 544	146 009	643 350	2 073 285	223 607	526 881	2 666 259
非机动渔船合计		262 857	353 915		4 532	8 601		258 325	345 314	

各地区机动渔船年末拥有量

地区	2019年			2018年			2019年比2018年增减(±)		
	艘	总吨	千瓦	艘	总吨	千瓦	艘	总吨	千瓦
全国总计	**468 312**	**10 048 442**	**19 905 327**	**556 150**	**10 414 394**	**20 735 788**	**-87 838**	**-365 952**	**-830 461**
北京	36	10 249	14 688	34	10 244	14 602	2	5	86
天津	2 124	37 705	77 068	2 547	36 748	77 794	-423	957	-726
河北	7 537	277 672	503 254	7 757	260 621	492 927	-220	17 051	10 327
山西	137	348	2 618	192	370	2 986	-55	-22	-368
内蒙古	1 253	2 220	18 641	1 256	2 246	18 524	-3	-26	117
辽宁	31 090	687 776	1 576 379	32 209	713 723	1 605 308	-1 119	-25 947	-28 929
吉林	4 188	7 060	73 218	4 419	7 025	72 964	-231	35	254
黑龙江	10 029	16 353	109 238	10 429	17 513	109 265	-400	-1 160	-27
上海	563	108 320	155 772	856	110 520	162 058	-293	-2 200	-6 286
江苏	55 272	583 047	1 545 762	102 533	908 074	2 003 312	-47 261	-325 027	-457 550
浙江	29 595	2 996 813	4 485 746	31 847	3 006 930	4 501 478	-2 252	-10 117	-15 732
安徽	11 243	99 737	161 849	19 633	165 861	301 648	-8 390	-66 124	-139 799
福建	48 435	1 413 442	2 802 613	50 939	1 357 945	2 764 162	-2 504	55 497	38 451
江西	28 920	140 726	397 761	30 535	150 025	425 718	-1 615	-9 299	-27 957
山东	61 505	1 194 903	2 469 289	64 537	1 208 227	2 488 759	-3 032	-13 324	-19 470
河南	3 937	18 765	67 640	3 933	18 734	67 502	4	31	138
湖北	19 743	42 497	180 082	30 855	66 283	272 555	-11 112	-23 786	-92 473
湖南	34 931	79 148	318 448	34 931	79 148	318 448			
广东	54 123	1 048 309	2 212 143	55 432	1 054 569	2 253 150	-1 309	-6 260	-41 007
广西	24 145	542 641	894 742	24 593	520 408	897 059	-448	22 233	-2 317
海南	24 630	564 834	1 395 586	24 864	537 057	1 376 162	-234	27 777	19 424
重庆	3 352	11 093	44 419	5 489	16 466	70 164	-2 137	-5 373	-25 745
四川	4 429	5 470	42 345	7 714	8 437	63 782	-3 285	-2 967	-21 437
贵州	2 629	4 655	47 318	4 066	6 844	65 814	-1 437	-2 189	-18 496
云南	1 261	3 846	26 394	1 259	3 724	26 046	2	122	348
西藏									
陕西	616	1 659	9 708	633	1 708	9 748	-17	-49	-40
甘肃	37	100	1 677	39	110	1 853	-2	-10	-176
青海	1 127	1 198	13 789	1 127	1 198	13 789			
宁夏	28	128	1 852	28	128	1 852			
新疆	1 093	4 018	18 910	1 160	4 167	20 030	-67	-149	-1 120
中农发集团	304	143 710	236 378	304	139 341	236 329		4 369	49

各地区机动渔船年末拥有量(按船长分)

地　　区	24米(含)以上			12(含)~24米			12米以下		
	艘	总吨	千瓦	艘	总吨	千瓦	艘	总吨	千瓦
全国总计	**36 750**	**7 149 161**	**11 198 186**	**61 946**	**1 729 050**	**3 967 597**	**369 616**	**1 170 231**	**4 739 544**
北　京	14	10 146	12 867	7	79	935	15	24	886
天　津	86	23 880	38 020	284	11 278	24 205	1 754	2 547	14 843
河　北	1 140	169 860	218 124	2 350	72 378	178 018	4 047	35 434	107 112
山　西				15	48	435	122	300	2 183
内蒙古				18	525	1 361	1 235	1 695	17 280
辽　宁	2 969	385 246	779 158	7 148	218 303	528 377	20 973	84 227	268 844
吉　林	10	840	2 063	390	1 533	11 651	3 788	4 687	59 504
黑龙江	20	1 696	5 926	365	1 346	8 198	9 644	13 311	95 114
上　海	269	105 310	144 444	60	2 640	7 500	234	370	3 828
江　苏	3 109	327 097	575 305	7 456	144 463	340 262	44 707	111 487	630 195
浙　江	12 609	2 890 950	4 169 853	2 007	63 041	143 038	14 979	42 822	172 855
安　徽	140	8 465	2 528	1 696	46 998	48 144	9 407	44 274	111 177
福　建	5 083	1 122 608	1 894 590	4 885	172 739	460 474	38 467	118 095	447 549
江　西	7	429	1 747	7 217	62 787	148 510	21 696	77 510	247 504
山　东	5 273	850 810	1 393 711	5 930	156 349	394 257	50 302	187 744	681 321
河　南	12	904	2 300	992	11 645	18 329	2 933	6 216	47 011
湖　北	5	363	1 736	1 645	11 663	29 279	18 093	30 471	149 067
湖　南	78	1 058	412	3 452	20 815	36 890	31 401	57 275	281 146
广　东	3 589	647 011	1 078 303	8 755	276 291	648 840	41 779	125 007	485 000
广　西	1 099	280 554	338 963	1 583	189 765	256 030	21 463	72 322	299 749
海　南	938	178 882	302 260	4 537	256 585	647 258	19 155	129 367	446 068
重　庆	1	50	306	556	3 141	11 600	2 795	7 902	32 513
四　川	1	100	516	140	913	4 998	4 288	4 457	36 831
贵　州	2	167	325	229	1 025	7 056	2 398	3 463	39 937
云　南	4	200	1 634	44	343	1 783	1 213	3 303	22 977
西　藏									
陕　西				23	385	1 460	593	1 274	8 248
甘　肃				3	15	309	34	85	1 368
青　海							1 127	1 198	13 789
宁　夏							28	128	1 852
新　疆	2	108	400	145	674	4 717	946	3 236	13 793
中农发集团	290	142 427	232 695	14	1 283	3 683			

各地区机动渔船年末拥有量(生产渔船)

地区	生产渔船			捕捞渔船			养殖渔船		
	艘	总吨	千瓦	艘	总吨	千瓦	艘	总吨	千瓦
全国总计	**451 537**	**8 988 192**	**17 651 971**	**334 976**	**8 552 017**	**16 100 724**	**116 561**	**436 175**	**1 551 247**
北京	14	10 146	12 867	14	10 146	12 867			
天津	2 068	34 511	66 119	1 760	34 103	63 484	308	408	2 635
河北	6 789	252 870	437 923	4 686	226 456	327 884	2 103	26 414	110 039
山西	126	291	1 581	67	105	546	59	186	1 035
内蒙古	1 191	1 444	12 363	1 029	1 214	10 372	162	230	1 991
辽宁	30 346	626 035	1 392 632	17 760	556 192	1 195 571	12 586	69 843	197 061
吉林	4 064	5 505	64 407	2 626	3 239	40 783	1 438	2 266	23 624
黑龙江	9 828	13 529	92 085	7 250	10 084	66 047	2 578	3 445	26 038
上海	519	95 273	133 107	519	95 273	133 107			
江苏	53 375	554 177	1 448 450	43 809	490 370	1 245 720	9 566	63 807	202 730
浙江	27 100	2 494 843	3 661 925	21 002	2 477 938	3 592 893	6 098	16 905	69 032
安徽	10 759	96 199	140 449	8 756	63 464	114 983	2 003	32 735	25 466
福建	46 007	1 215 939	2 456 148	24 154	1 161 171	2 225 118	21 853	54 768	231 030
江西	28 784	139 298	383 951	22 299	115 625	317 119	6 485	23 673	66 832
山东	61 034	1 094 246	2 301 627	45 062	1 025 140	2 004 317	15 972	69 106	297 310
河南	3 822	17 613	59 194	3 006	15 701	48 214	816	1 912	10 980
湖北	19 282	39 473	155 467	10 251	22 907	84 684	9 031	16 566	70 783
湖南	34 735	77 657	302 486	17 250	53 765	203 509	17 485	23 892	98 977
广东	50 073	957 288	1 920 331	45 501	937 443	1 858 180	4 572	19 845	62 151
广西	23 129	533 939	847 758	22 323	532 449	833 808	806	1 490	13 950
海南	24 479	556 959	1 369 692	24 324	553 530	1 360 247	155	3 429	9 445
重庆	3 073	9 945	34 975	3 006	9 657	34 203	67	288	772
四川	4 237	4 683	33 752	3 503	3 136	27 428	734	1 547	6 324
贵州	2 516	3 508	35 486	1 962	2 593	27 001	554	915	8 485
云南	1 096	2 955	14 516	929	2 491	12 463	167	464	2 053
西藏									
陕西	592	1 519	7 560	69	275	908	523	1 244	6 652
甘肃	22	22	240				22	22	240
青海	1 112	982	11 660	1 008	765	8 878	104	217	2 782
宁夏	6	10	92				6	10	92
新疆	1 055	3 623	16 750	747	3 075	14 012	308	548	2 738
中农发集团	304	143 710	236 378	304	143 710	236 378			

各地区海洋机动渔船年末拥有量

地区	2019年			2018年			2019年比2018年增减(±)		
	艘	总吨	千瓦	艘	总吨	千瓦	艘	总吨	千瓦
全国总计	**220 361**	**9 228 396**	**16 535 208**	**232 979**	**9 164 657**	**16 750 013**	**-12 618**	**63 739**	**-214 805**
北　京	14	10 146	12 867	14	10 146	12 867			
天　津	536	36 480	65 742	578	35 334	65 541	-42	1 146	201
河　北	6 337	275 026	475 855	6 375	257 441	461 683	-38	17 585	14 172
辽　宁	28 617	680 115	1 540 620	29 898	706 459	1 572 128	-1 281	-26 344	-31 508
上　海	326	107 741	150 780	391	105 750	147 373	-65	1 991	3 407
江　苏	5 783	388 243	740 182	8 235	408 139	804 530	-2 452	-19 896	-64 348
浙　江	23 443	2 980 990	4 410 176	24 420	2 988 110	4 414 582	-977	-7 120	-4 406
福　建	45 272	1 409 827	2 781 658	47 656	1 354 140	2 741 769	-2 384	55 687	39 889
山　东	34 269	1 087 222	2 050 662	37 155	1 107 093	2 117 229	-2 886	-19 871	-66 567
广　东	42 085	1 021 083	2 098 625	44 108	1 025 312	2 130 500	-2 023	-4 229	-31 875
广　西	8 778	524 303	680 739	9 169	501 962	681 524	-391	22 341	-785
海　南	24 597	563 510	1 290 924	24 676	525 430	1 363 958	-79	38 080	-73 034
中农发集团	304	143 710	236 378	304	139 341	236 329		4 369	49

各地区海洋机动渔船年末拥有量(按船长分)

地区	24米(含)以上			12(含)~24米			12米以下		
	艘	总吨	千瓦	艘	总吨	千瓦	艘	总吨	千瓦
全国总计	**36 233**	**7 115 526**	**11 141 693**	**38 119**	**1 469 520**	**3 320 230**	**146 009**	**643 350**	**2 073 285**
北　京	14	10 146	12 867						
天　津	86	23 880	38 020	284	11 278	24 205	166	1 322	3 517
河　北	1 139	169 779	217 654	2 345	72 332	177 469	2 853	32 915	80 732
辽　宁	2 961	384 292	777 712	6 887	216 571	515 400	18 769	79 252	247 508
上　海	267	105 147	143 874	57	2 581	6 863	2	13	43
江　苏	2 939	312 087	557 812	1 922	68 949	161 772	922	7 207	20 598
浙　江	12 604	2 888 624	4 169 051	1 831	61 032	136 158	9 008	31 334	104 967
福　建	5 083	1 122 608	1 894 590	4 846	172 502	459 780	35 343	114 717	427 288
山　东	5 272	850 760	1 393 395	5 755	153 156	375 963	23 242	83 306	281 304
广　东	3 545	646 465	1 074 206	8 208	264 680	642 202	30 332	109 938	382 217
广　西	1 097	280 507	338 414	1 439	188 929	249 097	6 242	54 867	93 228
海　南	936	178 804	291 403	4 531	256 227	567 638	19 130	128 479	431 883
中农发集团	290	142 427	232 695	14	1 283	3 683			

各地区海洋机动渔船年末拥有量(生产渔船)

地　区	生产渔船								
				捕捞渔船			养殖渔船		
	艘	总吨	千瓦	艘	总吨	千瓦	艘	总吨	千瓦
全国总计	**208 889**	**8 206 238**	**14 553 907**	**146 951**	**7 917 408**	**13 547 244**	**61 938**	**288 830**	**1 006 663**
北　京	14	10 146	12 867	14	10 146	12 867			
天　津	495	33 313	55 283	414	33 187	53 993	81	126	1 290
河　北	5 619	250 564	413 549	3 571	224 328	304 636	2 048	26 236	108 913
辽　宁	27 941	619 483	1 364 606	15 612	550 694	1 171 787	12 329	68 789	192 819
上　海	305	94 998	131 267	305	94 998	131 267			
江　苏	5 576	368 182	679 570	4 891	329 118	587 557	685	39 064	92 013
浙　江	21 298	2 480 965	3 598 902	16 101	2 467 774	3 541 298	5 197	13 191	57 604
福　建	42 865	1 212 420	2 436 722	21 193	1 157 935	2 207 297	21 672	54 485	229 425
山　东	33 877	987 764	1 889 837	18 455	922 743	1 634 577	15 422	65 021	255 260
广　东	38 262	931 335	1 820 409	33 958	913 072	1 761 278	4 304	18 263	59 131
广　西	7 886	516 567	644 790	7 841	516 341	644 027	45	226	763
海　南	24 447	556 791	1 269 727	24 292	553 362	1 260 282	155	3 429	9 445
中农发集团	304	143 710	236 378	304	143 710	236 378			

各地区内陆机动渔船年末拥有量

地　区	2019 年			2018 年			2019 年比 2018 年增减(±)		
	艘	总吨	千瓦	艘	总吨	千瓦	艘	总吨	千瓦
全国总计	**247 951**	**820 046**	**3 370 119**	**323 171**	**1 249 737**	**3 985 775**	**-75 220**	**-429 691**	**-615 656**
北　京	22	103	1 821	20	98	1 735	2	5	86
天　津	1 588	1 225	11 326	1 969	1 414	12 253	-381	-189	-927
河　北	1 200	2 646	27 399	1 382	3 180	31 244	-182	-534	-3 845
山　西	137	348	2 618	192	370	2 986	-55	-22	-368
内蒙古	1 253	2 220	18 641	1 256	2 246	18 524	-3	-26	117
辽　宁	2 473	7 661	35 759	2 311	7 264	33 180	162	397	2 579
吉　林	4 188	7 060	73 218	4 419	7 025	72 964	-231	35	254
黑龙江	10 029	16 353	109 238	10 429	17 513	109 265	-400	-1 160	-27
上　海	237	579	4 992	465	4 770	14 685	-228	-4 191	-9 693
江　苏	49 489	194 804	805 580	94 298	499 935	1 198 782	-44 809	-305 131	-393 202
浙　江	6 152	15 823	75 570	7 427	18 820	86 896	-1 275	-2 997	-11 326
安　徽	11 243	99 737	161 849	19 633	165 861	301 648	-8 390	-66 124	-139 799
福　建	3 163	3 615	20 955	3 283	3 805	22 393	-120	-190	-1 438
江　西	28 920	140 726	397 761	30 535	150 025	425 718	-1 615	-9 299	-27 957
山　东	27 236	107 681	418 627	27 382	101 134	371 530	-146	6 547	47 097
河　南	3 937	18 765	67 640	3 933	18 734	67 502	4	31	138
湖　北	19 743	42 497	180 082	30 855	66 283	272 555	-11 112	-23 786	-92 473
湖　南	34 931	79 148	318 448	34 931	79 148	318 448			
广　东	12 038	27 226	113 518	11 324	29 257	122 650	714	-2 031	-9 132
广　西	15 367	18 338	214 003	15 424	18 446	215 535	-57	-108	-1 532
海　南	33	1 324	104 662	188	11 627	12 204	-155	-10 303	92 458
重　庆	3 352	11 093	44 419	5 489	16 466	70 164	-2 137	-5 373	-25 745
四　川	4 429	5 470	42 345	7 714	8 437	63 782	-3 285	-2 967	-21 437
贵　州	2 629	4 655	47 318	4 066	6 844	65 814	-1 437	-2 189	-18 496
云　南	1 261	3 846	26 394	1 259	3 724	26 046	2	122	348
西　藏									
陕　西	616	1 659	9 708	633	1 708	9 748	-17	-49	-40
甘　肃	37	100	1 677	39	110	1 853	-2	-10	-176
青　海	1 127	1 198	13 789	1 127	1 198	13 789			
宁　夏	28	128	1 852	28	128	1 852			
新　疆	1 093	4 018	18 910	1 160	4 167	20 030	-67	-149	-1 120

各地区内陆机动渔船年末拥有量(按船长分)

地区	24米(含)以上			12(含)~24米			12米以下		
	艘	总吨	千瓦	艘	总吨	千瓦	艘	总吨	千瓦
全国总计	**517**	**33 635**	**56 493**	**23 827**	**259 530**	**647 367**	**223 607**	**526 881**	**2 666 259**
北京				7	79	935	15	24	886
天津							1 588	1 225	11 326
河北	1	81	470	5	46	549	1 194	2 519	26 380
山西				15	48	435	122	300	2 183
内蒙古				18	525	1 361	1 235	1 695	17 280
辽宁	8	954	1 446	261	1 732	12 977	2 204	4 975	21 336
吉林	10	840	2 063	390	1 533	11 651	3 788	4 687	59 504
黑龙江	20	1 696	5 926	365	1 346	8 198	9 644	13 311	95 114
上海	2	163	570	3	59	637	232	357	3 785
江苏	170	15 010	17 493	5 534	75 514	178 490	43 785	104 280	609 597
浙江	5	2 326	802	176	2 009	6 880	5 971	11 488	67 888
安徽	140	8 465	2 528	1 696	46 998	48 144	9 407	44 274	111 177
福建				39	237	694	3 124	3 378	20 261
江西	7	429	1 747	7 217	62 787	148 510	21 696	77 510	247 504
山东	1	50	316	175	3 193	18 294	27 060	104 438	400 017
河南	12	904	2 300	992	11 645	18 329	2 933	6 216	47 011
湖北	5	363	1 736	1 645	11 663	29 279	18 093	30 471	149 067
湖南	78	1 058	412	3 452	20 815	36 890	31 401	57 275	281 146
广东	44	546	4 097	547	11 611	6 638	11 447	15 069	102 783
广西	2	47	549	144	836	6 933	15 221	17 455	206 521
海南	2	78	10 857	6	358	79 620	25	888	14 185
重庆	1	50	306	556	3 141	11 600	2 795	7 902	32 513
四川	1	100	516	140	913	4 998	4 288	4 457	36 831
贵州	2	167	325	229	1 025	7 056	2 398	3 463	39 937
云南	4	200	1 634	44	343	1 783	1 213	3 303	22 977
西藏									
陕西				23	385	1 460	593	1 274	8 248
甘肃				3	15	309	34	85	1 368
青海							1 127	1 198	13 789
宁夏							28	128	1 852
新疆	2	108	400	145	674	4 717	946	3 236	13 793

各地区内陆机动渔船年末拥有量(生产渔船)

地　区	生产渔船			捕捞渔船			养殖渔船		
	艘	总吨	千瓦	艘	总吨	千瓦	艘	总吨	千瓦
全国总计	**242 648**	**781 954**	**3 098 064**	**188 025**	**634 609**	**2 553 480**	**54 623**	**147 345**	**544 584**
北　京									
天　津	1 573	1 198	10 836	1 346	916	9 491	227	282	1 345
河　北	1 170	2 306	24 374	1 115	2 128	23 248	55	178	1 126
山　西	126	291	1 581	67	105	546	59	186	1 035
内蒙古	1 191	1 444	12 363	1 029	1 214	10 372	162	230	1 991
辽　宁	2 405	6 552	28 026	2 148	5 498	23 784	257	1 054	4 242
吉　林	4 064	5 505	64 407	2 626	3 239	40 783	1 438	2 266	23 624
黑龙江	9 828	13 529	92 085	7 250	10 084	66 047	2 578	3 445	26 038
上　海	214	275	1 840	214	275	1 840			
江　苏	47 799	185 995	768 880	38 918	161 252	658 163	8 881	24 743	110 717
浙　江	5 802	13 878	63 023	4 901	10 164	51 595	901	3 714	11 428
安　徽	10 759	96 199	140 449	8 756	63 464	114 983	2 003	32 735	25 466
福　建	3 142	3 519	19 426	2 961	3 236	17 821	181	283	1 605
江　西	28 784	139 298	383 951	22 299	115 625	317 119	6 485	23 673	66 832
山　东	27 157	106 482	411 790	26 607	102 397	369 740	550	4 085	42 050
河　南	3 822	17 613	59 194	3 006	15 701	48 214	816	1 912	10 980
湖　北	19 282	39 473	155 467	10 251	22 907	84 684	9 031	16 566	70 783
湖　南	34 735	77 657	302 486	17 250	53 765	203 509	17 485	23 892	98 977
广　东	11 811	25 953	99 922	11 543	24 371	96 902	268	1 582	3 020
广　西	15 243	17 372	202 968	14 482	16 108	189 781	761	1 264	13 187
海　南	32	168	99 965	32	168	99 965			
重　庆	3 073	9 945	34 975	3 006	9 657	34 203	67	288	772
四　川	4 237	4 683	33 752	3 503	3 136	27 428	734	1 547	6 324
贵　州	2 516	3 508	35 486	1 962	2 593	27 001	554	915	8 485
云　南	1 096	2 955	14 516	929	2 491	12 463	167	464	2 053
西　藏									
陕　西	592	1 519	7 560	69	275	908	523	1 244	6 652
甘　肃	22	22	240				22	22	240
青　海	1 112	982	11 660	1 008	765	8 878	104	217	2 782
宁　夏	6	10	92				6	10	92
新　疆	1 055	3 623	16 750	747	3 075	14 012	308	548	2 738

各地区捕捞机动渔船年末拥有量(按功率分)

地区	44.1 千瓦以下			44.1(含)~441 千瓦			441 千瓦(含)以上		
	艘	总吨	千瓦	艘	总吨	千瓦	艘	总吨	千瓦
全国总计	**280 231**	**1 170 052**	**3 778 441**	**51 704**	**5 721 910**	**9 556 433**	**3 041**	**1 660 055**	**2 765 850**
北　京				6	788	1 480	8	9 358	11 387
天　津	1 451	2 590	11 734	300	25 422	43 005	9	6 091	8 745
河　北	2 792	21 392	49 037	1 891	204 320	277 524	3	744	1 323
山　西	67	105	546						
内蒙古	1 029	1 214	10 372						
辽　宁	12 802	90 628	238 062	4 616	347 190	693 431	342	118 374	264 078
吉　林	2 563	3 145	37 782	63	94	3 001			
黑龙江	7 244	10 028	65 623	6	56	424			
上　海	220	385	2 130	234	31 225	46 995	65	63 663	83 982
江　苏	38 677	146 742	597 534	5 122	340 952	644 054	10	2 676	4 132
浙　江	9 543	42 088	124 795	10 773	1 978 780	2 777 832	686	457 070	690 266
安　徽	8 623	59 244	102 727	133	4 220	12 256			
福　建	16 535	68 747	213 983	7 085	784 285	1 404 522	534	308 139	606 613
江　西	22 294	115 559	316 708	5	66	411			
山　东	37 735	168 964	507 719	6 978	657 653	1 127 730	349	198 523	368 868
河　南	2 972	15 577	46 528	34	124	1 686			
湖　北	10 234	22 808	81 570	17	99	3 114			
湖　南	17 250	53 765	203 509						
广　东	37 629	150 169	415 888	7 363	572 314	1 093 008	509	214 960	349 284
广　西	20 111	45 613	236 508	2 115	444 856	541 398	97	41 980	55 902
海　南	19 255	129 721	396 506	4 866	315 023	852 567	203	108 786	111 174
重　庆	3 005	9 607	33 897	1	50	306			
四　川	3 498	3 121	27 141	5	15	287			
贵　州	1 960	2 575	25 773	2	18	1 228			
云　南	929	2 491	12 463						
西　藏									
陕　西	69	275	908						
甘　肃									
青　海	1 008	765	8 878						
宁　夏									
新　疆	736	2 734	10 120	11	341	3 892			
中农发集团				78	14 019	26 282	226	129 691	210 096

各地区海洋捕捞机动渔船基本情况

地　区	合　计		1.国内海洋捕捞		2. 纳入双控管理渔船数*		3.远洋渔船	
	艘	千瓦	艘	千瓦	艘	千瓦	艘	千瓦
全国总计	**146 951**	**13 547 244**	**144 250**	**10 700 251**	**110 293**	**10 107 447**	**2 701**	**2 846 993**
北　京	14	12 867					14	12 867
天　津	414	53 993	398	45 157	368	38 883	16	8 836
河　北	3 571	304 636	3 548	278 057	3 519	301 644	23	26 579
辽　宁	15 612	1 171 787	15 280	868 394	15 017	700 359	332	303 393
上　海	305	131 267	224	27 819	280	46 103	81	103 448
江　苏	4 891	587 557	4 849	572 791	4 058	505 179	42	14 766
浙　江	16 101	3 541 298	15 427	2 774 726	15 664	2 861 629	674	766 572
福　建	21 193	2 207 297	20 717	1 709 201	13 173	1 616 062	476	498 096
山　东	18 455	1 634 577	17 968	974 962	15 873	1 248 509	487	659 615
广　东	33 958	1 761 278	33 729	1 573 223	28 012	1 570 328	229	188 055
广　西	7 841	644 027	7 818	615 639	7 715	638 856	23	28 388
海　南	24 292	1 260 282	24 292	1 260 282	6 614	579 896		
中农发集团	304	236 378					304	236 378

＊纳入双控管理渔船数来源于全国渔船动态管理系统数据库。

各地区海洋捕捞机动渔船年末拥有量(按功率分)

地　区	44.1 千瓦以下			44.1(含)~441 千瓦			441 千瓦(含)以上		
	艘	总吨	千瓦	艘	总吨	千瓦	艘	总吨	千瓦
全国总计	**94 382**	**595 391**	**1 439 220**	**49 546**	**5 665 386**	**9 376 375**	**3 023**	**1 656 631**	**2 731 649**
北　京				6	788	1 480	8	9 358	11 387
天　津	105	1 674	2 243	300	25 422	43 005	9	6 091	8 745
河　北	1 677	19 264	25 789	1 891	204 320	277 524	3	744	1 323
辽　宁	10 677	85 931	221 447	4 593	346 389	686 262	342	118 374	264 078
上　海	6	110	290	234	31 225	46 995	65	63 663	83 982
江　苏	1 443	24 778	37 654	3 438	301 664	545 771	10	2 676	4 132
浙　江	4 652	34 184	73 951	10 763	1 976 520	2 777 081	686	457 070	690 266
福　建	13 575	65 521	196 265	7 084	784 275	1 404 419	534	308 139	606 613
山　东	11 167	69 813	154 062	6 939	654 407	1 111 647	349	198 523	368 868
广　东	26 224	134 993	327 143	7 242	566 481	1 090 498	492	211 598	343 637
广　西	5 629	29 505	46 727	2 115	444 856	541 398	97	41 980	55 902
海　南	19 227	129 618	353 649	4 863	315 020	824 013	202	108 724	82 620
中农发集团				78	14 019	26 282	226	129 691	210 096

各地区海洋捕捞机动渔船年末拥有量(按作业类型分)(一)

地　　区	拖　网			围　网			刺　网		
	艘	总吨	千瓦	艘	总吨	千瓦	艘	总吨	千瓦
全国总计	**26 889**	**3 352 722**	**5 833 489**	**7 005**	**905 378**	**1 338 987**	**81 942**	**1 985 738**	**3 745 592**
北　京									
天　津	24	5 490	9 180	9	4 608	3 536	356	14 833	28 264
河　北	189	37 553	58 508	40	15 791	15 098	3 339	170 837	230 685
辽　宁	3 509	215 757	568 953	84	3 626	8 000	9 021	268 669	471 942
上　海	224	54 607	72 548	12	19 985	32 204	5	444	920
江　苏	950	61 924	142 735	47	4 952	4 915	2 967	211 253	371 712
浙　江	6 002	1 091 812	1 690 515	468	147 599	199 054	5 366	441 794	580 133
福　建	3 205	423 875	849 597	1 281	339 825	485 409	8 825	178 552	417 992
山　东	5 894	537 240	978 032	215	59 077	92 205	8 629	154 816	292 138
广　东	4 126	384 134	741 736	1 293	132 105	192 532	23 568	260 936	565 898
广　西	1 854	400 611	472 822	386	33 913	30 099	4 839	21 960	77 368
海　南	769	77 189	136 930	3 166	138 670	266 086	15 023	261 500	708 100
中农发集团	143	62 530	111 933	4	5 227	9 849	4	144	440

各地区海洋捕捞机动渔船年末拥有量(按作业类型分)(二)

地　　区	张　网			钓　业			其　他		
	艘	总吨	千瓦	艘	总吨	千瓦	艘	总吨	千瓦
全国总计	**11 525**	**368 842**	**561 160**	**9 570**	**950 067**	**1 474 621**	**10 020**	**354 661**	**593 395**
北　京	6	788	1 480	8	9 358	11 387			
天　津	12	2 010	3 914	9	6 091	8 745	4	155	354
河　北							3	147	345
辽　宁	1 321	7 823	17 862	938	45 321	81 606	739	9 498	23 424
上　海	39	1 149	3 177	25	18 813	22 418			
江　苏	841	47 867	63 099	1	25	29	85	3 097	5 067
浙　江	2 529	245 238	323 230	952	419 084	596 045	784	122 247	152 321
福　建	2 833	37 409	87 694	1 333	110 192	174 219	3 716	68 082	192 386
山　东	2 352	15 919	33 128	1 109	134 088	205 990	256	21 603	33 084
广　东	281	2 502	5 310	1 894	97 307	172 040	2 796	36 088	83 762
广　西				297	819	5	465	59 038	63 733
海　南	1 307	7 641	21 386	2 859	34 060	89 741	1 168	34 302	38 039
中农发集团	4	496	880	145	74 909	112 396	4	404	880

各地区内陆捕捞机动渔船年末拥有量(按功率分)

地　　区	44.1千瓦以下			44.1(含)~441千瓦			441千瓦(含)以上		
	艘	总吨	千瓦	艘	总吨	千瓦	艘	总吨	千瓦
全国总计	**185 849**	**574 661**	**2 339 221**	**2 158**	**56 524**	**180 058**	**18**	**3 424**	**34 201**
北　　京									
天　　津	1 346	916	9 491						
河　　北	1 115	2 128	23 248						
山　　西	67	105	546						
内 蒙 古	1 029	1 214	10 372						
辽　　宁	2 125	4 697	16 615	23	801	7 169			
吉　　林	2 563	3 145	37 782	63	94	3 001			
黑 龙 江	7 244	10 028	65 623	6	56	424			
上　　海	214	275	1 840						
江　　苏	37 234	121 964	559 880	1 684	39 288	98 283			
浙　　江	4 891	7 904	50 844	10	2 260	751			
安　　徽	8 623	59 244	102 727	133	4 220	12 256			
福　　建	2 960	3 226	17 718	1	10	103			
江　　西	22 294	115 559	316 708	5	66	411			
山　　东	26 568	99 151	353 657	39	3 246	16 083			
河　　南	2 972	15 577	46 528	34	124	1 686			
湖　　北	10 234	22 808	81 570	17	99	3 114			
湖　　南	17 250	53 765	203 509						
广　　东	11 405	15 176	88 745	121	5 833	2 510	17	3 362	5 647
广　　西	14 482	16 108	189 781						
海　　南	28	103	42 857	3	3	28 554	1	62	28 554
重　　庆	3 005	9 607	33 897	1	50	306			
四　　川	3 498	3 121	27 141	5	15	287			
贵　　州	1 960	2 575	25 773	2	18	1 228			
云　　南	929	2 491	12 463						
西　　藏									
陕　　西	69	275	908						
甘　　肃									
青　　海	1 008	765	8 878						
宁　　夏									
新　　疆	736	2 734	10 120	11	341	3 892			

各地区远洋渔船年末拥有量

地　区	2019 年		2018 年		2019 年比 2018 年增减(±)	
	艘	千瓦	艘	千瓦	艘	千瓦
全国总计	**2 701**	**2 846 993**	**2 654**	**2 740 326**	**47**	**106 667**
北　京	14	12 867	14	12 867		
天　津	16	8 836	16	8 836		
河　北	23	26 579	20	22 166	3	4 413
辽　宁	332	303 393	334	299 223	-2	4 170
上　海	81	103 448	76	94 911	5	8 537
江　苏	42	14 766	42	14 279		487
浙　江	674	766 572	611	664 618	63	101 954
福　建	476	498 096	514	585 499	-38	-87 403
山　东	487	659 615	486	618 738	1	40 877
广　东	229	188 055	214	154 472	15	33 583
广　西	23	28 388	23	28 388		
海　南						
中农发集团	304	236 378	304	236 329		49

各地区辅助渔船年末拥有量

地　区	合　计			其　中					
				捕捞辅助船			渔业执法船		
	艘	总吨	千瓦	艘	总吨	千瓦	艘	总吨	千瓦
全国总计	**16 775**	**1 060 250**	**2 253 356**	**13 042**	**936 168**	**1 505 731**	**2 806**	**80 704**	**656 932**
北　京	22	103	1 821				22	103	1 821
天　津	56	3 194	10 949	45	2 273	6 867	9	921	4 082
河　北	748	24 802	65 331	707	23 049	56 590	37	1 587	8 523
山　西	11	57	1 037				11	57	1 037
内蒙古	62	776	6 278	10	276	670	52	500	5 608
辽　宁	744	61 741	183 747	611	48 339	110 753	114	13 402	72 994
吉　林	124	1 555	8 811	22	27	128	86	1 498	8 478
黑龙江	201	2 824	17 153	3	11	142	110	2 595	15 772
上　海	44	13 047	22 665	13	10 700	12 168	31	2 347	10 497
江　苏	1 897	28 870	97 312	1 648	24 014	52 357	249	4 856	44 955
浙　江	2 495	501 970	823 821	2 172	485 511	694 103	178	15 684	127 335
安　徽	484	3 538	21 400	337	1 704	6 856	147	1 834	14 544
福　建	2 428	197 503	346 465	1 906	158 085	237 340	72	5 043	44 934
江　西	136	1 428	13 810	29	63	182	107	1 365	13 628
山　东	471	100 657	167 662	280	89 216	100 025	145	8 254	60 298
河　南	115	1 152	8 446				115	1 152	8 446
湖　北	461	3 024	24 615	198	465	1 434	263	2 559	23 181
湖　南	196	1 491	15 962				196	1 491	15 962
广　东	4 050	91 021	291 812	3 682	80 618	200 352	237	5 954	78 710
广　西	1 016	8 702	46 984	874	4 289	11 968	133	4 323	34 619
海　南	151	7 875	25 894	122	6 486	10 387	29	1 389	15 507
重　庆	279	1 148	9 444	215	571	1 845	64	577	7 599
四　川	192	787	8 593	103	74	512	82	665	7 678
贵　州	113	1 147	11 832	1	5	62	107	1 107	10 501
云　南	165	891	11 878	59	238	821	106	653	11 057
西　藏									
陕　西	24	140	2 148				20	135	2 069
甘　肃	15	78	1 437				14	78	1 217
青　海	15	216	2 129				15	216	2 129
宁　夏	22	118	1 760				22	118	1 760
新　疆	38	395	2 160	5	154	169	33	241	1 991

各地区海洋辅助渔船年末拥有量

地区	合计			其中					
				捕捞辅助船			渔业执法船		
	艘	总吨	千瓦	艘	总吨	千瓦	艘	总吨	千瓦
全国总计	**11 472**	**1 022 158**	**1 981 301**	**10 246**	**921 371**	**1 463 034**	**554**	**54 326**	**424 367**
北　京									
天　津	41	3 167	10 459	38	2 249	6 767	3	918	3 692
河　北	718	24 462	62 306	707	23 049	56 590	10	1 362	5 598
辽　宁	676	60 632	176 014	574	47 721	107 721	88	12 641	67 500
上　海	21	12 743	19 513	12	10 632	12 005	9	2 111	7 508
江　苏	207	20 061	60 612	186	16 404	36 445	21	3 657	24 167
浙　江	2 145	500 025	811 274	2 038	485 182	691 830	80	14 509	118 488
福　建	2 407	197 407	344 936	1 902	158 067	232 142	55	4 966	42 145
山　东	392	99 458	160 825	280	89 216	100 025	71	7 425	52 049
广　东	3 823	89 748	278 216	3 532	79 261	197 963	162	4 238	67 620
广　西	892	7 736	35 949	856	4 260	11 165	26	1 110	24 784
海　南	150	6 719	21 197	121	5 330	10 381	29	1 389	10 816

各地区内陆辅助渔船年末拥有量

地　　区	合　计			其　中					
				捕捞辅助船			渔业执法船		
	艘	总吨	千瓦	艘	总吨	千瓦	艘	总吨	千瓦
全国总计	**5 303**	**38 092**	**272 055**	**2 796**	**14 797**	**42 697**	**2 252**	**26 378**	**232 565**
北　　京	22	103	1 821				22	103	1 821
天　　津	15	27	490	7	24	100	6	3	390
河　　北	30	340	3 025				27	225	2 925
山　　西	11	57	1 037				11	57	1 037
内 蒙 古	62	776	6 278	10	276	670	52	500	5 608
辽　　宁	68	1 109	7 733	37	618	3 032	26	761	5 494
吉　　林	124	1 555	8 811	22	27	128	86	1 498	8 478
黑 龙 江	201	2 824	17 153	3	11	142	110	2 595	15 772
上　　海	23	304	3 152	1	68	163	22	236	2 989
江　　苏	1 690	8 809	36 700	1 462	7 610	15 912	228	1 199	20 788
浙　　江	350	1 945	12 547	134	329	2 273	98	1 175	8 847
安　　徽	484	3 538	21 400	337	1 704	6 856	147	1 834	14 544
福　　建	21	96	1 529	4	18	5 198	17	77	2 789
江　　西	136	1 428	13 810	29	63	182	107	1 365	13 628
山　　东	79	1 199	6 837				74	829	8 249
河　　南	115	1 152	8 446				115	1 152	8 446
湖　　北	461	3 024	24 615	198	465	1 434	263	2 559	23 181
湖　　南	196	1 491	15 962				196	1 491	15 962
广　　东	227	1 273	13 596	150	1 357	2 389	75	1 716	11 090
广　　西	124	966	11 035	18	29	803	107	3 213	9 835
海　　南	1	1 156	4 697	1	1 156	6			
重　　庆	279	1 148	9 444	215	571	1 845	64	577	7 599
四　　川	192	787	8 593	103	74	512	82	665	7 678
贵　　州	113	1 147	11 832	1	5	62	107	1 107	10 501
云　　南	165	891	11 878	59	238	821	106	653	11 057
西　　藏									
陕　　西	24	140	2 148				20	135	2 069
甘　　肃	15	78	1 437				14	78	1 217
青　　海	15	216	2 129				15	216	2 129
宁　　夏	22	118	1 760				22	118	1 760
新　　疆	38	395	2 160	5	154	169	33	241	1 991

各地区非机动渔船年末拥有量

地　　区	合　计		海洋渔业非机动渔船		内陆渔业非机动渔船	
	艘	总吨	艘	总吨	艘	总吨
全国总计	**262 857**	**353 915**	**4 532**	**8 601**	**258 325**	**345 314**
北　　京	217	217			217	217
天　　津	1 140	557			1 140	557
河　　北	2 362	1 294			2 362	1 294
山　　西	37	31			37	31
内 蒙 古	158	134			158	134
辽　　宁	2 342	3 038	316	286	2 026	2 752
吉　　林	2 341	1 527			2 341	1 527
黑 龙 江	1 577	1 026			1 577	1 026
上　　海	46	26			46	26
江　　苏	99 771	200 371	200	422	99 571	199 949
浙　　江	15 397	23 254	305	453	15 092	22 801
安　　徽	14 690	28 804			14 690	28 804
福　　建	1 976	1 919	1 868	1 830	108	89
江　　西	21 017	19 948			21 017	19 948
山　　东	31 763	16 008	10	5	31 753	16 003
河　　南	5 156	4 172			5 156	4 172
湖　　北	20 727	17 817			20 727	17 817
湖　　南	29 038	19 766			29 038	19 766
广　　东	2 446	6 134	1 753	5 445	693	689
广　　西	301	185			301	185
海　　南	102	166	80	160	22	6
重　　庆	523	427			523	427
四　　川	1 418	933			1 418	933
贵　　州	365	209			365	209
云　　南	6 828	5 255			6 828	5 255
西　　藏	28	83			28	83
陕　　西	535	236			535	236
甘　　肃	29	29			29	29
青　　海	40	40			40	40
宁　　夏	137	206			137	206
新　　疆	350	103			350	103

3-4　渔业人口

全国渔业人口与从业人员

指　标	计量单位	2019 年	2018 年	2019 年比 2018 年增减(±)	其中:海洋渔业		
					2019 年	2018 年	2019 年比 2018 年增减(±)
1. 渔业乡	个	718	733	-15	389	392	-3
2. 渔业村	个	7 550	7 965	-415	3 390	3 500	-110
3. 渔业户	户	4 636 828	4 760 200	-123 372	1 350 826	1 405 488	-54 662
4. 渔业人口	人	18 282 027	18 786 757	-504 730	5 350 029	5 509 305	-159 276
其中:传统渔民	人	6 004 984	6 182 854	-177 870	2 856 694	2 904 722	-48 028
5. 渔业从业人员	人	12 916 952	13 257 230	-340 278	3 644 062	3 743 107	-99 045
(1)专业从业人员	人	7 021 090	7 205 808	-184 718	2 214 152	2 258 023	-43 871
其中:女性	人	1 357 365	1 398 812	-41 447	343 035	344 893	-1 858
其中:捕捞	人	1 530 996	1 628 474	-97 478	921 283	960 345	-39 062
养殖	人	4 663 678	4 742 727	-79 049	900 938	902 893	-1 955
其他	人	826 416	834 607	-8 191	391 931	394 785	-2 854
(2)兼业从业人员	人	4 335 816	4 465 631	-129 815	867 802	909 139	-41 337
(3)临时从业人员	人	1 560 046	1 585 791	-25 745	562 108	575 945	-13 837

各地区渔业人口与从业人员(一)

地　　区	1. 渔业乡（个）	2. 渔业村（个）	3. 渔业户（户）	4. 渔业人口(人)		5. 渔业从业人员(人)
				小　计	其中:传统渔民	
全国总计	**718**	**7 550**	**4 636 828**	**18 282 027**	**6 004 984**	**12 916 952**
北　京	8	32	2 007	5 076	1 109	6 080
天　津		4	9 230	32 508	12 183	23 531
河　北	27	160	52 801	223 290	146 700	183 285
山　西			976	4 725		4 911
内蒙古	4	31	7 347	39 387	5 187	27 747
辽　宁	128	688	176 995	690 040	306 650	526 784
吉　林	1	4	22 102	83 906	915	67 963
黑龙江			48 056	176 603	150 113	121 595
上　海		8	6 564	19 416	7 754	13 895
江　苏	41	507	301 821	1 243 666	396 428	1 017 558
浙　江	88	672	303 233	990 255	387 259	676 610
安　徽	12	146	166 727	710 586	243 853	592 915
福　建	51	582	414 856	1 670 344	858 353	909 679
江　西	13	254	303 459	1 378 706	310 080	873 553
山　东	95	1 313	429 000	1 576 302	604 157	1 314 134
河　南	24	365	131 114	502 849	25 148	405 751
湖　北	59	876	470 725	1 551 675	612 274	1 163 494
湖　南	5	235	262 947	1 135 035	165 320	875 186
广　东	81	900	506 516	2 290 679	963 604	1 238 809
广　西	14	206	227 186	1 014 157	310 712	810 036
海　南	33	345	87 693	417 591	192 364	244 238
重　庆		6	129 071	426 475	10 862	341 761
四　川	33	178	453 661	1 561 433	204 622	1 074 368
贵　州		2	29 598	152 484	6 701	74 794
云　南			66 240	277 126	66 179	236 061
西　藏		1	35	142	142	114
陕　西	1	33	20 028	70 031	11 883	58 059
甘　肃			1 925	8 984	457	7 839
青　海			106	3 750		3 504
宁　夏			1 645	7 996		9 022
新　疆		2	3 164	16 810	3 975	13 676

各地区渔业人口与从业人员(二)

单位:人

地　　区	5.渔业从业人员(续)						
	(1)专业从业人员					(2)兼业从业人员	(3)临时从业人员
	合　计	其中:女性	a. 捕捞	b. 养殖	c. 其他		
全国总计	**7 021 090**	**1 357 365**	**1 530 996**	**4 663 678**	**826 416**	**4 335 816**	**1 560 046**
北　　京	4 153	914	750	2 626	777	1 667	260
天　　津	14 424	218	2 846	11 063	515	7 952	1 155
河　　北	87 191	17 065	33 720	39 991	13 480	33 791	62 303
山　　西	2 839	620	224	2 370	245	1 249	823
内 蒙 古	15 778	3 596	4 298	9 735	1 745	9 282	2 687
辽　　宁	331 928	43 601	115 516	183 164	33 248	121 445	73 411
吉　　林	18 082	2 495	3 828	12 785	1 469	43 840	6 041
黑 龙 江	82 410	28 800	18 916	53 358	10 136	31 685	7 500
上　　海	12 540	156	3 535	8 629	376	1 006	349
江　　苏	602 750	139 131	135 433	427 020	40 297	291 667	123 141
浙　　江	424 812	76 902	149 562	171 754	103 496	153 342	98 456
安　　徽	287 986	64 446	45 041	214 404	28 541	228 762	76 167
福　　建	551 171	87 073	179 353	297 751	74 067	279 907	78 601
江　　西	400 412	76 065	52 467	292 061	55 884	366 575	106 566
山　　东	672 949	133 207	192 837	316 390	163 722	280 715	360 470
河　　南	180 615	42 952	23 452	136 035	21 128	189 854	35 282
湖　　北	772 270	194 665	47 590	682 582	42 098	278 277	112 947
湖　　南	433 535	89 557	40 844	359 477	33 214	383 079	58 572
广　　东	809 644	133 601	244 263	496 599	68 782	357 813	71 352
广　　西	409 215	51 229	65 789	304 494	38 932	315 575	85 246
海　　南	200 046	28 375	118 211	59 803	22 032	36 622	7 570
重　　庆	171 626	58 696	8 001	150 870	12 755	122 679	47 456
四　　川	368 896	59 014	15 259	307 490	46 147	632 649	72 823
贵　　州	23 775	2 968	6 671	14 104	3 000	37 728	13 291
云　　南	88 165	15 014	16 586	66 775	4 804	100 881	47 015
西　　藏	73		73			41	
陕　　西	33 835	4 208	1 427	28 408	4 000	18 586	5 638
甘　　肃	3 440	524	325	2 824	291	3 024	1 375
青　　海	2 523	227	2 124	349	50	931	50
宁　　夏	4 980	901	325	4 190	465	2 651	1 391
新　　疆	9 027	1 145	1 730	6 577	720	2 541	2 108

各地区海洋渔业人口与从业人员(一)

地　　区	1. 渔业乡（个）	2. 渔业村（个）	3. 渔业户（户）	4. 渔业人口(人)		5. 渔业从业人员(人)
				小　计	其中:传统渔民	
全国总计	**389**	**3 390**	**1 350 826**	**5 350 029**	**2 856 694**	**3 644 062**
北　京						347
天　津		3	2 284	6 174	2 825	2 870
河　北	12	69	37 494	143 105	112 053	131 247
山　西						
内蒙古						
辽　宁	78	358	106 060	489 036	311 840	337 707
吉　林						
黑龙江						
上　海			1 691	5 022	4 113	3 506
江　苏	11	81	34 134	220 106	80 630	157 854
浙　江	78	523	203 783	620 968	282 579	366 566
安　徽						
福　建	51	561	344 420	1 376 901	779 729	727 282
江　西						
山　东	62	857	286 534	897 916	370 726	980 114
河　南						
湖　北						
湖　南						
广　东	70	579	194 825	943 008	632 532	471 399
广　西	5	110	64 863	312 818	87 087	263 482
海　南	22	249	74 738	334 975	192 580	201 688
重　庆						
四　川						
贵　州						
云　南						
西　藏						
陕　西						
甘　肃						
青　海						
宁　夏						
新　疆						

各地区海洋渔业人口与从业人员(二)

单位:人

地 区	5. 渔业从业人员(续)						
	(1)专业从业人员					(2)兼业从业人员	(3)临时从业人员
	合 计	其中:女性	a. 捕捞	b. 养殖	c. 其他		
全国总计	**2 214 152**	**343 035**	**921 283**	**900 938**	**391 931**	**867 802**	**562 108**
北 京	347		316		31		
天 津	2 110	81	1 014	1 063	33	690	70
河 北	61 039	2 859	24 743	23 836	12 460	12 879	57 329
山 西							
内蒙古							
辽 宁	227 189	36 330	101 833	103 008	22 348	58 110	52 408
吉 林							
黑龙江							
上 海	3 388	68	3 123		265	34	84
江 苏	88 941	22 013	43 911	37 160	7 870	53 504	15 409
浙 江	255 386	35 174	125 274	55 783	74 329	55 529	55 651
安 徽							
福 建	456 440	75 422	167 734	225 139	63 567	203 171	67 671
江 西							
山 东	426 693	84 542	125 194	165 056	136 443	294 939	258 482
河 南							
湖 北							
湖 南							
广 东	344 983	47 801	186 200	115 258	43 525	99 811	26 605
广 西	179 796	13 516	37 759	131 435	10 602	61 919	21 767
海 南	167 840	25 229	104 182	43 200	20 458	27 216	6 632
重 庆							
四 川							
贵 州							
云 南							
西 藏							
陕 西							
甘 肃							
青 海							
宁 夏							
新 疆							

第四部分

加工与贸易

4-1 水产品加工

全国水产加工情况

指 标	计量单位	2019 年	2018 年	2019 年比 2018 年增减(±)	
				绝对量	幅度(%)
1. 水产加工企业	个	9 323	9 336	-13	-0.14
水产品加工能力	吨/年	28 882 019	28 921 556	-39 537	-0.14
其中:规模以上加工企业	个	2 570	2 524	46	1.82
2. 水产冷库	座	8 056	7 957	99	1.24
冻结能力	吨/日	930 543	868 930	61 613	7.09
冷藏能力	吨/次	4 620 653	4 671 761	-51 108	-1.09
制冰能力	吨/日	208 177	202 420	5 757	2.84
3. 水产加工品总量	吨	21 714 136	21 568 505	145 631	0.68
淡水加工产品	吨	3 953 244	3 818 330	134 914	3.53
海水加工产品	吨	17 760 892	17 750 175	10 717	0.06
(1)水产冷冻品	吨	15 322 657	15 149 561	173 096	1.14
其中:冷冻品	吨	7 938 585	7 732 722	205 863	2.66
冷冻加工品	吨	7 384 072	7 416 839	-32 767	-0.44
(2)鱼糜制品及干腌制品	吨	2 915 215	3 079 607	-164 392	-5.34
其中:鱼糜制品	吨	1 393 957	1 455 460	-61 503	-4.23
干腌制品	吨	1 521 258	1 624 147	-102 889	-6.33
(3)藻类加工品	吨	1 151 716	1 106 594	45 122	4.08
(4)罐制品	吨	354 145	355 774	-1 629	-0.46
(5)水产饲料(鱼粉)	吨	699 008	649 934	49 074	7.55
(6)鱼油制品	吨	48 991	72 562	-23 571	-32.48
(7)其他水产加工品	吨	1 103 978	1 154 473	-50 495	-4.37
其中:助剂和添加剂	吨	67 845	70 151	-2 306	-3.29
珍珠	千克	166 710	152 400	14 310	9.39
4. 用于加工的水产品总量	吨	26 499 616	26 534 066	-34 450	-0.13
其中:淡水产品	吨	5 581 716	5 543 884	37 832	0.68
海水产品	吨	20 917 900	20 990 182	-72 282	-0.34
5. 部分水产品年加工量	吨	1 728 887	1 797 118	-68 231	-3.80
其中:对虾	吨	487 141	517 358	-30 217	-5.84
克氏原螯虾	吨	509 938	409 044	100 894	24.67
罗非鱼	吨	559 876	697 229	-137 353	-19.70
鳗鱼	吨	122 454	129 061	-6 607	-5.12
斑点叉尾鮰	吨	49 478	44 426	5 052	11.37

各地区水产加工品总量

单位：吨

地区	2019年		2018年		2019年比2018年增减(±)			
					绝对量		幅度(%)	
	水产加工品总量	其中：淡水加工产品	水产加工品总量	其中：淡水加工产品	水产加工品总量	其中：淡水加工产品	水产加工品总量	其中：淡水加工产品
全国总计	**21 714 136**	**3 953 244**	**21 568 505**	**3 818 330**	**145 631**	**134 914**	**0.68**	**3.53**
北京	2 312	1 670	2 020	1 645	292	25	14.46	1.52
天津	1 822	1 312	1 510	1 000	312	312	20.66	31.20
河北	84 057	12 633	73 106	12 998	10 951	-365	14.98	-2.81
山西	1 050	350			1 050	350		
内蒙古	5 581	5 581	6 564	6 564	-983	-983	-14.98	-14.98
辽宁	2 390 997	36 150	2 488 199	36 566	-97 202	-416	-3.91	-1.14
吉林	261 593	1 491	250 815	1 975	10 778	-484	4.30	-24.51
黑龙江	12 199	12 199	10 102	10 102	2 097	2 097	20.76	20.76
上海	13 183	9 748	12 854	10 305	329	-557	2.56	-5.41
江苏	1 287 053	641 343	1 282 187	625 058	4 866	16 285	0.38	2.61
浙江	1 988 206	81 617	1 896 422	78 732	91 784	2 885	4.84	3.66
安徽	202 278	197 486	197 433	192 706	4 845	4 780	2.45	2.48
福建	4 297 124	189 286	4 127 756	193 342	169 368	-4 056	4.10	-2.10
江西	364 888	364 888	375 525	375 525	-10 637	-10 637	-2.83	-2.83
山东	6 684 339	103 995	6 773 128	107 266	-88 789	-3 271	-1.31	-3.05
河南	19 905	19 905	21 889	21 889	-1 984	-1 984	-9.06	-9.06
湖北	1 311 295	1 311 295	1 166 637	1 166 637	144 658	144 658	12.40	12.40
湖南	219 485	219 485	151 886	151 886	67 599	67 599	44.51	44.51
广东	1 350 100	330 257	1 446 350	352 372	-96 250	-22 115	-6.65	-6.28
广西	741 751	124 017	737 665	121 975	4 086	2 042	0.55	1.67
海南	398 589	212 207	476 760	280 090	-78 171	-67 883	-16.40	-24.24
重庆	543	543	687	687	-144	-144	-20.96	-20.96
四川	4 688	4 688	3 798	3 798	890	890	23.43	23.43
贵州	1 802	1 802	1 872	1 872	-70	-70	-3.74	-3.74
云南	31 395	31 395	42 406	42 406	-11 011	-11 011	-25.97	-25.97
西藏								
陕西	1 100	1 100	1 090	1 090	10	10	0.92	0.92
甘肃								
青海	28 000	28 000	11 000	11 000	17 000	17 000	154.55	154.55
宁夏			96	96	-96	-96		
新疆	8 801	8 801	8 748	8 748	53	53	0.61	0.61

各地区水产加工品总量(按品种分)(一)

单位:吨

地　区	水产加工品总量	淡水加工品	海水加工品	1. 水产冷冻品	冷冻品	冷冻加工品
全国总计	**21 714 136**	**3 953 244**	**17 760 892**	**15 322 657**	**7 938 585**	**7 384 072**
北　京	2 312	1 670	642	2 312		2 312
天　津	1 822	1 312	510	1 510	1 510	
河　北	84 057	12 633	71 424	68 705	29 160	39 545
山　西	1 050	350	700	1 050	500	550
内蒙古	5 581	5 581		2 823	2 823	
辽　宁	2 390 997	36 150	2 354 847	1 804 172	634 579	1 169 593
吉　林	261 593	1 491	260 102	243 440	153 360	90 080
黑龙江	12 199	12 199		5 814	5 814	
上　海	13 183	9 748	3 435	13 183	3 333	9 850
江　苏	1 287 053	641 343	645 710	674 978	454 920	220 058
浙　江	1 988 206	81 617	1 906 589	1 560 346	1 068 368	491 978
安　徽	202 278	197 486	4 792	145 079	62 837	82 242
福　建	4 297 124	189 286	4 107 838	2 726 936	1 617 819	1 109 117
江　西	364 888	364 888		125 563	58 021	67 542
山　东	6 684 339	103 995	6 580 344	5 113 495	2 742 830	2 370 665
河　南	19 905	19 905		18 503	6 138	12 365
湖　北	1 311 295	1 311 295		736 339	303 012	433 327
湖　南	219 485	219 485		150 526	76 017	74 509
广　东	1 350 100	330 257	1 019 843	997 412	399 628	597 784
广　西	741 751	124 017	617 734	649 405	168 504	480 901
海　南	398 589	212 207	186 382	237 164	118 685	118 479
重　庆	543	543		301	230	71
四　川	4 688	4 688		3 515	532	2 983
贵　州	1 802	1 802		982	880	102
云　南	31 395	31 395		21 077	11 478	9 599
西　藏						
陕　西	1 100	1 100		1 100	1 100	
甘　肃						
青　海	28 000	28 000		11 000	11 000	
宁　夏						
新　疆	8 801	8 801		5 927	5 507	420

各地区水产加工品总量(按品种分)(二)

单位:吨

地区	2. 鱼糜制品及干腌制品			3. 藻类加工品	4. 罐制品	5. 鱼粉
		鱼糜制品	干腌制品			
全国总计	**2 915 215**	**1 393 957**	**1 521 258**	**1 151 716**	**354 145**	**699 008**
北京						
天津					312	
河北	2 576		2 576		8 410	1 975
山西						
内蒙古	900		900	1 789	69	
辽宁	144 998	49 354	95 644	241 405	21 012	58 491
吉林	18 023	4 220	13 803		130	
黑龙江	3 043	101	2 942		8	
上海						
江苏	132 788	24 422	108 366	25 484	18 790	1 441
浙江	180 800	87 747	93 053	31 110	42 972	136 706
安徽	36 482	17 150	19 332		5 523	15 179
福建	758 512	431 274	327 238	488 827	69 948	8 458
江西	208 463	72 126	136 337	1 444	14 054	
山东	699 475	349 494	349 981	357 210	122 670	270 893
河南	1 402	320	1 082			
湖北	483 925	234 684	249 241		13 412	76 835
湖南	61 639	21 338	40 301	850	3 404	1 630
广东	131 576	79 149	52 427	2 942	31 831	81 238
广西	37 335	18 204	19 131		668	
海南	4 911	2 006	2 905			24 792
重庆	227	3	224		15	
四川	1 133	482	651		10	
贵州	820	41	779			
云南	5 825	1 735	4 090	655	555	2 220
西藏						
陕西						
甘肃						
青海						17 000
宁夏						
新疆	362	107	255		352	2 150

各地区水产加工品总量(按品种分)(三)

单位:吨

地　　区	6. 鱼油制品	7. 其他水产加工品	其　中	
			助剂和添加剂	珍珠(千克)
全国总计	**48 991**	**1 103 978**	**67 845**	**166 710**
北　　京				
天　　津				
河　　北	91	2 300		
山　　西				
内 蒙 古				
辽　　宁	1 853	119 066		
吉　　林				
黑 龙 江		3 334		
上　　海				
江　　苏		433 572	215	34 000
浙　　江	5 539	35 442	4 997	950
安　　徽		15		15 000
福　　建		244 443	42 665	
江　　西	134	15 230		92
山　　东	40 262	80 334	15 260	21 200
河　　南				
湖　　北		784		
湖　　南	5	1 431	200	89 300
广　　东	47	105 054		6 168
广　　西		54 343	4 498	
海　　南		8 587		
重　　庆				
四　　川		30		
贵　　州				
云　　南	1 060	3		
西　　藏				
陕　　西				
甘　　肃				
青　　海				
宁　　夏				
新　　疆		10	10	

各地区用于加工的水产品量

单位:吨

地区	用于加工的水产品量	淡水产品	海水产品
全国总计	**26 499 616**	**5 581 716**	**20 917 900**
北京	2 512	1 870	642
天津	1 900	1 390	510
河北	227 489	9 605	217 884
山西	1 050	350	700
内蒙古	7 485	7 485	
辽宁	3 549 336	47 165	3 502 171
吉林	299 569	1 599	297 970
黑龙江	27 848	27 848	
上海	13 183	9 773	3 410
江苏	1 513 138	767 483	745 655
浙江	1 796 386	93 518	1 702 868
安徽	265 365	259 149	6 216
福建	5 163 563	198 285	4 965 278
江西	689 288	689 288	
山东	7 638 586	87 246	7 551 340
河南	29 240	29 240	
湖北	2 214 728	2 214 728	
湖南	212 098	212 098	
广东	1 651 497	519 474	1 132 023
广西	741 414	163 984	577 430
海南	378 908	165 105	213 803
重庆	951	951	
四川	5 770	5 770	
贵州	1 693	1 693	
云南	48 928	48 928	
西藏			
陕西	1 068	1 068	
甘肃			
青海	13 000	13 000	
宁夏			
新疆	3 623	3 623	

各地区水产品加工企业、冷库基本情况

地 区	水产品加工企业			水产品冷库			
	小计（个）	水产品加工能力(吨/年)	其中:规模以上加工企业(个)	数量（座）	冻结能力（吨/日）	冷藏能力（吨/次）	制冰能力（吨/日）
全国总计	**9 323**	**28 882 019**	**2 570**	**8 056**	**930 543**	**4 620 653**	**208 177**
北 京	2	2 200	1	11	29	27 334	2
天 津	5	2 500	1	5	215	880	40
河 北	228	334 578	45	212	5 948	62 101	4 323
山 西	1	1 050	1	3	3	250	4
内蒙古	37	7 750	22	30	340	2 234	227
辽 宁	883	2 888 205	335	619	60 070	609 734	18 219
吉 林	101	306 495	39	50	230 374	231 780	115
黑龙江	30	13 940		23	555	1 930	170
上 海	8	18 995	1	16	486	3 822	164
江 苏	1 091	2 021 220	361	1 143	38 913	206 672	24 637
浙 江	1 902	2 504 243	247	1 211	40 615	862 477	22 449
安 徽	154	275 933	76	480	14 708	46 505	2 059
福 建	1 179	5 533 267	403	793	59 054	533 129	20 931
江 西	172	275 614	42	193	2 263	19 045	3 004
山 东	1 688	8 539 556	548	1 863	261 913	1 245 355	52 273
河 南	38	67 250	8	76	1 153	17 240	555
湖 北	235	1 785 574	112	353	125 416	188 052	5 204
湖 南	166	363 526	59	219	44 440	90 166	3 560
广 东	1 022	2 264 072	166	504	21 265	354 650	42 258
广 西	178	1 058 733	58	46	1 828	95 408	3 131
海 南	105	368 072	11	73	3 506	5 311	3 907
重 庆	8	3 895	4	22	12 850	5 662	38
四 川	12	31 490	8	12	956	2 821	570
贵 州	21	834	1	7	34	120	27
云 南	40	172 407	14	48	1 948	3 796	268
西 藏							
陕 西	3	720	1	4	100	50	3
甘 肃							
青 海	2	13 000	2	4			25
宁 夏	1	10 000	1	5	500	800	
新 疆	11	16 900	3	31	1 061	3 329	14

4-2 水产品贸易

各地区水产品进出口贸易情况

单位:万美元,吨

地区	2019 年进出口		2018 年进出口		2019 年比 2018 年增减(±)			
					绝对量		幅度(%)	
	金额	数量	金额	数量	金额	数量	金额	数量
全国总计	**3 935 884.92**	**10 533 191**	**3 733 670.50**	**9 551 072**	**202 214.42**	**982 120**	**5.42**	**10.28**
北京	78 519.03	134 000	67 344.88	134 710	11 174.15	-710	16.59	-0.53
天津	190 472.93	428 473	66 270.00	164 871	124 202.93	263 602	187.42	159.88
河北	34 821.36	68 868	37 020.47	66 678	-2 199.11	2 191	-5.94	3.29
山西	101.46	458	32.96	51	68.50	407	207.81	797.10
内蒙古	17.45	43	9.00	16	8.45	27	93.80	164.35
辽宁	548 718.39	2 205 808	546 310.60	2 093 034	2 407.78	112 774	0.44	5.39
吉林	49 147.81	99 811	43 959.14	83 853	5 188.66	15 958	11.80	19.03
黑龙江	1 950.74	3 640	1 333.57	3 175	617.17	465	46.28	14.64
上海	295 858.29	525 333	253 406.01	444 343	42 452.28	80 990	16.75	18.23
江苏	57 900.21	124 115	67 993.65	140 967	-10 093.45	-16 853	-14.84	-11.95
浙江	251 858.99	674 405	261 893.61	683 776	-10 034.62	-9 371	-3.83	-1.37
安徽	9 523.20	23 825	9 433.02	18 532	90.19	5 294	0.96	28.57
福建	744 225.16	1 747 501	780 024.64	1 616 802	-35 799.49	130 699	-4.59	8.08
江西	15 836.11	7 353	21 690.83	8 258	-5 854.73	-905	-26.99	-10.96
山东	854 283.24	2 461 217	831 757.81	2 289 443	22 525.43	171 775	2.71	7.50
河南	3 587.70	6 154	3 052.95	5 540	534.75	614	17.52	11.08
湖北	14 199.06	21 580	12 458.04	14 882	1 741.02	6 697	13.98	45.00
湖南	18 900.04	19 377	10 190.67	18 897	8 709.37	480	85.46	2.54
广东	661 320.07	1 695 742	621 057.26	1 477 114	40 262.81	218 628	6.48	14.80
广西	29 414.57	79 341	27 584.72	79 763	1 829.85	-422	6.63	-0.53
海南	50 299.60	160 541	48 273.86	147 916	2 025.74	12 626	4.20	8.54
重庆	4 278.79	14 904	4 895.93	19 602	-617.14	-4 698	-12.61	-23.97
四川	13 128.68	12 721	10 519.43	20 940	2 609.25	-8 219	24.80	-39.25
贵州	78.84	108	441.46	150	-362.62	-43	-82.14	-28.46
云南	4 779.72	7 628	4 297.71	7 986	482.01	-358	11.22	-4.48
西藏			1.53	1	-1.53	-1		
陕西	678.07	542	484.71	311	193.36	231	39.89	74.25
甘肃	17.42	36	29.93	30	-12.51	6	-41.80	18.99
青海	48.36	1	0.85		47.51	1	5 589.26	
宁夏	275.29	1 060	212.53	950	62.76	110	29.53	11.55
新疆	1 644.33	8 607	1 688.71	8 480	-44.38	127	-2.63	1.49

各地区水产品出口贸易情况

单位:万美元,吨

地　区	2019年出口		2018年出口		2019年比2018年增减(±)			
					绝对量		幅度(%)	
	金额	数量	金额	数量	金额	数量	金额	数量
全国总计	**2 065 765.21**	**4 267 946**	**2 244 328.73**	**4 327 581**	**-178 563.52**	**-59 635**	**-7.96**	**-1.38**
北　京	65.76	282	337.53	2 653	-271.77	-2 371	-80.52	-89.37
天　津	1 647.80	2 674	2 685.93	3 960	-1 038.12	-1 286	-38.65	-32.48
河　北	23 962.25	28 458	26 063.15	31 647	-2 100.90	-3 189	-8.06	-10.08
山　西	8.73	6	18.78	13	-10.05	-7	-53.53	-53.47
内蒙古	8.86	20	8.26	16	0.61	4	7.33	22.73
辽　宁	293 129.02	839 425	311 398.48	854 484	-18 269.46	-15 059	-5.87	-1.76
吉　林	13 830.72	31 269	13 053.05	29 432	777.67	1 837	5.96	6.24
黑龙江	77.71	217	405.38	646	-327.67	-430	-80.83	-66.45
上　海	13 516.74	15 731	10 877.02	9 064	2 639.71	6 667	24.27	73.55
江　苏	36 488.58	46 702	48 591.46	55 066	-12 102.88	-8 364	-24.91	-15.19
浙　江	189 339.33	484 896	207 873.39	500 971	-18 534.06	-16 075	-8.92	-3.21
安　徽	5 330.60	3 999	7 084.51	4 668	-1 753.90	-669	-24.76	-14.34
福　建	555 089.26	870 578	637 492.50	919 650	-82 403.24	-49 072	-12.93	-5.34
江　西	13 649.86	6 137	21 535.74	7 841	-7 885.87	-1 705	-36.62	-21.74
山　东	512 698.38	1 142 900	516 058.88	1 103 682	-3 360.50	39 219	-0.65	3.55
河　南	95.71	116	266.20	174	-170.49	-59	-64.05	-33.70
湖　北	10 512.33	11 409	9 501.46	6 852	1 010.87	4 557	10.64	66.51
湖　南	1 753.79	1 340	1 579.49	1 292	174.30	49	11.04	3.77
广　东	320 451.51	578 080	358 666.59	604 212	-38 215.08	-26 131	-10.65	-4.32
广　西	19 196.02	41 857	20 337.56	42 316	-1 141.54	-459	-5.61	-1.08
海　南	48 256.09	157 864	45 242.91	145 011	3 013.18	12 854	6.66	8.86
重　庆	1.93		0.27		1.66		620.43	
四　川	5 166.18	2 079	3 585.53	1 647	1 580.65	433	44.08	26.27
贵　州	1.24	6	18.23	82	-16.99	-76	-93.19	-92.64
云　南	1 330.78	1 735	1 246.90	1 835	83.88	-100	6.73	-5.43
西　藏			1.53	1	-1.53	-1		
陕　西	4.68	6	13.87	22	-9.19	-16	-66.28	-73.05
甘　肃	5.53	12			5.53	12		
青　海	0.36				0.36			
宁　夏	6.89	6	22.60	16	-15.71	-11	-69.53	-66.00
新　疆	138.57	141	361.52	326	-222.95	-185	-61.67	-56.75

各地区水产品进口贸易情况

单位:万美元,吨

地　　区	2019 年进口		2018 年进口		2019 年比 2018 年增减(±)			
					绝对量		幅度(%)	
	金额	数量	金额	数量	金额	数量	金额	数量
全国总计	**1 870 119.71**	**6 265 245**	**1 489 341.77**	**5 223 491**	**380 777.94**	**1 041 754**	**25.57**	**19.94**
北　　京	78 453.27	133 718	67 007.34	132 056	11 445.93	1 661	17.08	1.26
天　　津	188 825.13	425 799	63 584.08	160 911	125 241.05	264 888	196.97	164.62
河　　北	10 859.11	40 410	10 957.32	35 031	-98.21	5 380	-0.90	15.36
山　　西	92.73	452	14.18	38	78.55	414	553.98	1 100.06
内 蒙 古	8.59	23	0.75		7.84	23	1 052.40	
辽　　宁	255 589.37	1 366 383	234 912.12	1 238 550	20 677.24	127 833	8.80	10.32
吉　　林	35 317.08	68 542	30 906.09	54 421	4 410.99	14 121	14.27	25.95
黑 龙 江	1 873.04	3 423	928.19	2 529	944.85	894	101.79	35.36
上　　海	282 341.56	509 602	242 528.98	435 279	39 812.57	74 323	16.42	17.07
江　　苏	21 411.63	77 413	19 402.20	85 901	2 009.43	8 488	10.36	-9.88
浙　　江	62 519.66	189 509	54 020.22	182 805	8 499.44	6 704	15.73	3.67
安　　徽	4 192.60	19 826	2 348.51	13 863	1 844.09	5 963	78.52	43.01
福　　建	189 135.89	876 923	142 532.14	697 152	46 603.75	179 770	32.70	25.79
江　　西	2 186.24	1 216	155.10	417	2 031.14	799	1 309.60	191.85
山　　东	341 584.86	1 318 317	315 698.93	1 185 761	25 885.93	132 556	8.20	11.18
河　　南	3 491.99	6 038	2 786.75	5 366	705.25	673	25.31	12.54
湖　　北	3 686.74	10 170	2 956.58	8 030	730.15	2 140	24.70	26.65
湖　　南	17 146.25	18 037	8 611.18	17 606	8 535.07	431	99.12	2.45
广　　东	340 868.56	1 117 661	262 390.67	872 903	78 477.89	244 759	29.91	28.04
广　　西	10 218.55	37 484	7 247.16	37 447	2 971.39	37	41.00	0.10
海　　南	2 043.51	2 677	3 030.96	2 905	-987.44	228	-32.58	-7.85
重　　庆	4 276.86	14 904	4 895.66	19 602	-618.80	4 698	-12.64	-23.97
四　　川	7 962.49	10 642	6 933.90	19 294	1 028.60	8 652	14.83	-44.84
贵　　州	77.60	102	423.23	68	-345.63	33	-81.66	49.02
云　　南	3 448.94	5 893	3 050.81	6 151	398.13	259	13.05	-4.20
西　　藏								
陕　　西	673.39	536	470.84	289	202.56	247	43.02	85.26
甘　　肃	11.89	24	29.93	30	-18.04	6	-60.27	-20.79
青　　海	48.00	1	0.85		47.15	1	5 547.06	
宁　　夏	268.41	1 054	189.94	933	78.47	120	41.31	12.91
新　　疆	1 505.77	8 465	1 327.19	8 154	178.58	312	13.46	3.82

第五部分

渔政管理

各地区渔政管理机构情况(按机构性质分)

单位:个

地 区	渔业执法机构个数	行政单位	参照公务员管理单位	事业单位	其 他
全国总计	**2 587**	**453**	**587**	**1 520**	**27**
部直属	2	2			
北 京	16	5	1	10	
天 津	11	1	2	8	
河 北	105	18	7	80	
山 西	55	6	1	48	
内蒙古	97	12	23	62	
辽 宁	75	5	7	62	1
吉 林	58	8	8	38	4
黑龙江	91	6	12	73	
上 海	10	2	8		
江 苏	93	4	56	32	1
浙 江	97	8	77	12	
安 徽	111	15	8	88	
福 建	82	3	55	24	
江 西	93	1	12	80	
山 东	153	30	8	114	1
河 南	113	33	3	77	
湖 北	101	5	13	83	
湖 南	119	9	27	83	
广 东	123	116	4	3	
广 西	103	3	89	8	3
海 南	21	1	4	16	
重 庆	40	1	30	9	
四 川	197	61	65	71	
贵 州	96	1	9	86	
云 南	149	17	10	119	3
西 藏	57	22	2	33	
陕 西	113	17	8	87	1
甘 肃	83	15	10	47	11
青 海	37	2	6	29	
宁 夏	22	1		21	
新 疆	64	23	22	17	2

各地区渔政管理机构情况（按执法业务类型分）

单位：个

地　　区	独立渔政执法队伍	农业综合执法队伍内设独立渔政执法分支机构	农业综合执法队伍内设科室	海洋与渔业整合设置的综合执法队伍	水利与渔业整合设置的综合执法队伍	渔政与其他行业整合设置的综合执法队伍
全国总计	**947**	**303**	**1 097**	**86**	**43**	**111**
部 直 属	2					
北　　京	10		5			1
天　　津	3	5	3			
河　　北	38	13	41	6	4	3
山　　西	6	5	44			
内 蒙 古	54	2	34		4	3
辽　　宁	33	9	26	3		4
吉　　林	40	2	15		1	
黑 龙 江	17	14	60			
上　　海		9	1			
江　　苏	59	13	18	1		2
浙　　江	36	3	44	5	2	7
安　　徽	59	7	43			2
福　　建	36	3	16	23	1	3
江　　西	7		86			
山　　东	7	3	76	34	2	31
河　　南	49	27	26		9	2
湖　　北	46	21	19		4	11
湖　　南	57	26	32		1	3
广　　东	52	6	57	4	1	3
广　　西	64	18	12	6		3
海　　南	8	3	3	4		3
重　　庆	5	7	27			1
四　　川	40	34	117		2	4
贵　　州	19	14	46		1	16
云　　南	91	12	40			6
西　　藏	2	21	34			
陕　　西	59	17	26		11	
甘　　肃	19	5	59			
青　　海	13	1	21			2
宁　　夏	15	1	5			1
新　　疆	1	2	61			

各地区渔政管理人员情况

单位:人

地　　区	现有人数合计	按教育水平分				持渔业行政执法证人数
		大学本科以上	大学本科	大学专科	大学专科以下	
全国总计	**32 784**	**1 115**	**13 440**	**11 908**	**6 321**	**18 406**
部直属	96	35	27	12	22	32
北　京	235	28	166	38	3	210
天　津	116	2	65	19	30	100
河　北	1 197	24	514	447	212	756
山　西	270	11	138	103	18	43
内蒙古	824	22	349	345	108	469
辽　宁	2 123	77	950	819	277	1 389
吉　林	525	13	204	173	135	292
黑龙江	502	10	224	223	45	323
上　海	518	59	261	59	139	304
江　苏	1 801	107	729	672	293	1 298
浙　江	2 275	94	1 066	722	393	916
安　徽	1 011	23	301	521	166	706
福　建	1 735	57	827	446	405	1 017
江　西	820	17	261	314	228	411
山　东	3 947	142	1 666	1 268	871	1 736
河　南	756	10	230	365	151	355
湖　北	1 487	14	379	817	277	876
湖　南	2 032	66	633	847	486	1 288
广　东	2 794	119	1 098	881	696	1 618
广　西	997	31	430	374	162	646
海　南	784	9	168	321	286	273
重　庆	413	13	206	170	24	319
四　川	1 049	36	483	423	107	619
贵　州	692	14	328	308	42	244
云　南	1 305	22	540	415	328	822
西　藏	165	1	132	28	4	122
陕　西	1 001	13	299	377	312	586
甘　肃	567	21	333	160	53	287
青　海	344	8	192	121	23	177
宁　夏	109	5	79	23	2	90
新　疆	294	12	162	97	23	82

第六部分

科技与推广

6-1　科技

全国渔业科技基本情况

一、渔业科研机构个数(个)	**87**	承担政府项目	662 812
二、渔业科研机构从业人员(人)	**6 213**	其他	181 081
1. 科技活动人员	5 165	非政府资金	424 926
按职称分:高级职称	1 710	其中:技术性收入	325 488
中级职称	1 944	2. 生产经营收入	103 287
初级职称及其他	1 511	3. 其他收入	177 781
按学位分:研究生	1 551	**四、科研机构固定资产情况(千元)**	
大学	1 788	年末固定资产合计	489 542
大专	513	**五、科技著述和专利申请情况**	
其他	437	发表科技论文(篇)	2 752
2. 生产经营活动人员	334	其中:国外发表	850
3. 其他人员	714	出版科技著作(种)	62
三、本年度收入(千元)	**3 327 310**	专利受理数(件)	936
1. 科技活动收入	3 046 242	专利授权(件)	855
政府资金	2 621 316	其中:发明专利	315
财政拨款	1 777 423	拥有发明专利总数(件)	2 845

6-2 技术推广

各地区水产技术推广机构情况（按层级分）

单位：个

地　区	数量			省级站		市级站		县级站		区域站		乡级站	
		专业站	综合站	专业站	综合站	专业站	综合站	专业站	综合站	专业站	综合站	专业站	综合站
全国总计	**11 705**	**2 300**	**9 405**	**35**	**1**	**248**	**59**	**1 213**	**669**	**80**	**71**	**724**	**8 605**
北　京	14	8	6	1		7	6						
天　津	21	12	9	1		11	1						8
河　北	198	78	120	1		11		59	77	7	43		
黑龙江	517	97	420	1		10		48	8			38	412
山　西	37	22	15	1		9		12	10				5
内蒙古	88	45	43	1		8	4	36	39				
辽　宁	136	48	88	1		7	2	14	14	4		22	72
吉　林	639	57	582	1		9		47	1		4		577
山　东	975	258	717	1		12	3	100	26	6		139	688
上　海	99	9	90	1				8	1				89
江　苏	911	118	793	1		13		69	14	7		28	779
浙　江	404	67	337	1		9	1	47	19	4		6	317
安　徽	591	104	487	1		11	5	56	24	10	6	26	452
福　建	742	148	594	1		8	1	65	7		2	74	584
江　西	917	104	813	1		9	1	76	21	8	1	10	790
河　南	127	86	41	1		18		67	41				
湖　北	452	289	163	1		8	3	55	22	11		214	138
湖　南	201	92	109		1	3	2	7	19			82	87
广　东	676	113	563	1		15	5	45	34	22		30	524
广　西	1 048	77	971	1		13	1	63	33				937
海　南	26	10	16	1		2	1	7	7				8
重　庆	558	19	539	1				18	20				519
四　川	1 044	142	902	1		10	7	77	63	1	15	53	817
贵　州	761	59	702	1		9		49	43				659
云　南	180	112	68	1		14	2	97	25				41
陕　西	95	62	33	1		9	2	52	31				
甘　肃	73	30	43	1		7	6	21	34			1	3
青　海	10	1	9	1			1		8				
宁　夏	38	4	34	1		1	4	2	16				14
新　疆	15	12	3	1		5	1	6	2				
大　连	12	1	11	1					6				5
青　岛	63	7	56	1				5	2			1	54
宁　波	34	6	28	1				5	2				26
深　圳	1	1		1									
厦　门	1	1		1									
新疆兵团	1	1		1									

各地区水产技术推广机构情况(按机构性质分)(一)

单位:个

地　区	行政单位					
	合　计	省级站	市级站	县级站	区域站	乡级站
全国总计	**81**		**5**	**44**		**32**
北　京						
天　津						
河　北	2			2		
黑龙江						
山　西						
内蒙古						
辽　宁						
吉　林						
山　东	13			2		11
上　海						
江　苏	3			1		2
浙　江	7					7
安　徽	2			2		
福　建						
江　西	3			3		
河　南	5			5		
湖　北	13			1		12
湖　南						
广　东	3			3		
广　西						
海　南	6			6		
重　庆	3			3		
四　川	13		4	9		
贵　州						
云　南						
陕　西	4			4		
甘　肃	3			3		
青　海	1		1			
宁　夏						
新　疆						
大　连						
青　岛						
宁　波						
深　圳						
厦　门						
新疆兵团						

各地区水产技术推广机构情况（按机构性质分）（二）

单位：个

地　　区	事业单位						
	总　计	全额拨款					
		合　计	省级站	市级站	县级站	区域站	乡级站
全国总计	**11 624**	**10 958**	**35**	**288**	**1 731**	**133**	**8 771**
北　京	14	14	1	13			
天　津	21	21	1	12			8
河　北	196	164	1	10	115	38	
黑 龙 江	517	511	1	9	52		449
山　西	37	35	1	7	22		5
内 蒙 古	88	83	1	12	70		
辽　宁	136	119	1	9	28	4	77
吉　林	639	639	1	9	48	4	577
山　东	962	916	1	14	119	6	776
上　海	99	95	1		9		85
江　苏	908	815	1	13	72	7	722
浙　江	397	393	1	10	65	4	313
安　徽	589	541	1	16	73	16	435
福　建	742	740	1	9	71	2	657
江　西	914	866	1	10	94	9	752
河　南	122	104	1	16	87		
湖　北	439	254	1	10	55	6	182
湖　南	201	145	1	4	23		117
广　东	673	601	1	17	66	21	496
广　西	1 048	1 048	1	14	96		937
海　南	20	18		3	7		8
重　庆	555	554	1		34		519
四　川	1 031	1 030	1	13	130	16	870
贵　州	761	761	1	9	92		659
云　南	180	179	1	16	121		41
陕　西	91	88	1	10	77		
甘　肃	70	69	1	12	52		4
青　海	9	9	1		8		
宁　夏	38	38	1	5	18		14
新　疆	15	14	1	6	7		
大　连	12	12	1		6		5
青　岛	63	45	1		7		37
宁　波	34	34	1		7		26
深　圳	1	1	1				
厦　门	1	1	1				
新疆兵团	1	1	1				

各地区水产技术推广机构情况（按机构性质分）（三）

单位：个

地　　区	事业单位（续）											
	差额拨款						自收自支					
	合计	省级站	市级站	县级站	区域站	乡级站	合计	省级站	市级站	县级站	区域站	乡级站
全国总计	**536**	**1**	**10**	**75**	**8**	**442**	**130**		**4**	**32**	**10**	**84**
北　　京												
天　　津												
河　　北	22		1	18	3		10			1	9	
黑 龙 江	5		1	4			1					1
山　　西	1		1				1		1			
内 蒙 古	5			5								
辽　　宁	17					17						
吉　　林												
山　　东	29		1	5		23	17					17
上　　海	4					4						
江　　苏	85			7		78	8			3		5
浙　　江	3					3	1			1		
安　　徽	21			2		19	27			3		24
福　　建	2			1		1						
江　　西	45					45	3					3
河　　南	10		1	9			8		1	7		
湖　　北	165		1	16	5	143	20			5		15
湖　　南	53		1	2		50	3			1		2
广　　东	61		1	2		58	11		2	8	1	
广　　西												
海　　南	1	1					1			1		
重　　庆							1			1		
四　　川	1			1								
贵　　州												
云　　南	1			1								
陕　　西	3		1	2								
甘　　肃	1		1									
青　　海												
宁　　夏												
新　　疆							1			1		
大　　连												
青　　岛	1					1	17					17
宁　　波												
深　　圳												
厦　　门												
新疆兵团												

各地区水产技术推广经费情况(一)

单位:万元

地　区	总　计	人员经费					
		合　计	省级站	市级站	县级站	区域站	乡级站
全国总计	**372 032.56**	**263 966.81**	**25 824.19**	**54 622.35**	**93 257.31**	**2 069.83**	**88 193.13**
北　京	6 681.96	4 466.64	2 031.36	2 435.28			
天　津	4 662.62	3 514.89	540.97	2 437.26			536.66
河　北	7 533.80	5 496.61	515.19	2 130.84	2 593.64	256.94	
黑龙江	6 096.43	4 839.04	343.34	725.60	2 707.20		1 062.90
山　西	1 652.38	1 240.44	137.75	531.96	544.27		26.46
内蒙古	11 286.05	9 260.01	991.04	2 532.21	5 736.76		
辽　宁	6 523.60	3 251.34	1 158.00	1 445.70	346.52	41.80	259.32
吉　林	11 647.40	9 134.30	407.00	1 429.50	1 604.50	83.00	5 610.30
山　东	24 355.75	20 852.31	516.94	3 278.83	7 892.55	25.00	9 138.99
上　海	17 007.40	10 122.87	4 354.53		3 949.14		1 819.20
江　苏	34 126.34	27 553.59	1 615.21	4 193.85	9 530.49	411.04	11 803.00
浙　江	21 539.25	12 548.63	583.44	1 911.23	5 058.17	260.00	4 735.79
安　徽	11 937.07	9 991.49	326.80	1 912.16	3 755.77	276.26	3 720.50
福　建	12 511.50	7 761.66	484.84	1 419.07	2 541.90	14.80	3 301.05
江　西	10 614.74	8 612.74	355.19	396.72	2 562.02	161.99	5 136.82
河　南	7 043.15	4 995.76	485.00	2 175.63	2 335.13		
湖　北	11 246.07	8 381.18	410.00	1 625.85	2 946.54	89.00	3 309.79
湖　南	4 323.25	3 305.45	301.20	601.75	758.50		1 644.00
广　东	36 422.00	25 469.00	1 560.00	13 121.00	3 705.00	248.00	6 835.00
广　西	23 946.17	16 573.11	274.13	1 308.18	3 492.50		11 498.30
海　南	1 622.94	936.94	198.00	325.18	375.36		38.40
重　庆	14 068.60	7 099.42	928.56		2 227.51		3 943.35
四　川	16 026.95	11 913.97	50.00	1 481.81	5 453.01	202.00	4 727.15
贵　州	17 235.62	10 614.83	174.65	511.19	3 010.42		6 918.57
云　南	14 309.31	10 773.64	354.99	2 314.98	7 711.26		392.41
陕　西	10 347.24	8 315.82	589.54	1 682.83	6 043.45		
甘　肃	5 641.55	4 610.01	750.96	1 661.33	2 156.53		41.19
青　海	2 598.91	715.34	407.10	9.00	299.24		
宁　夏	3 089.10	1 730.90	290.40	333.70	1 022.80		84.00
新　疆	2 887.12	1 805.34	978.33	689.71	137.30		
大　连	2 060.67	1 380.65	456.20		874.45		50.00
青　岛	2 840.96	2 176.51	335.51		479.02		1 361.98
宁　波	4 568.72	3 019.36	1 415.00		1 406.36		198.00
深　圳	3 270.24	1 254.53	1 254.53				
厦　门	110.00	80.00	80.00				
新疆兵团	197.70	168.49	168.49				

各地区水产技术推广经费情况(二)

单位:万元

地区	公共经费					
	合计	省级站	市级站	县级站	区域站	乡级站
全国总计	**26 689.34**	**4 064.71**	**4 386.92**	**7 582.99**	**228.83**	**10 425.89**
北京	424.25	192.39	231.86			
天津	230.36	81.63	127.73			21.00
河北	491.05	34.83	188.15	199.17	68.90	
黑龙江	341.10	25.70	79.80	207.80		27.80
山西	83.83	12.76	47.38	21.89		1.80
内蒙古	550.18	63.24	270.46	216.48		
辽宁	558.21	285.50	245.24	14.62	4.50	8.35
吉林	393.10	66.70	179.10	147.30		
山东	1 296.65	45.46	259.96	515.61	1.80	473.82
上海	1 286.14	606.11		497.88		182.15
江苏	2 314.42	95.01	387.91	889.40	50.48	891.62
浙江	1 511.09	607.51	164.13	473.65		265.80
安徽	1 050.53	27.45	377.33	381.15	38.75	225.85
福建	628.23	47.22	117.56	262.32	0.70	200.43
江西	890.00	39.00	38.68	328.12	23.70	460.50
河南	341.25	38.00	110.41	192.84		
湖北	685.93	34.00	154.87	234.84	5.00	257.22
湖南	410.90	15.70	52.30	83.90		259.00
广东	1 685.00	360.00	403.00	298.00	35.00	589.00
广西	5 069.84	33.49	104.86	309.84		4 621.65
海南	58.60		19.99	38.61		
重庆	1 238.19	83.88		441.55		712.76
四川	1 404.51	10.00	216.84	682.10		495.57
贵州	1 237.46	350.19	72.26	233.94		581.07
云南	574.10	28.56	199.61	324.63		21.30
陕西	438.51	92.75	163.26	182.50		
甘肃	304.77	51.60	128.05	125.12		
青海	44.43	20.13		24.30		
宁夏	138.80	55.00	26.60	53.20		4.00
新疆	112.69	91.61	19.58	1.50		
大连	57.32	14.62		42.70		
青岛	330.99	172.02		51.77		107.20
宁波	388.26	264.00		106.26		18.00
深圳	69.44	69.44				
厦门	20.00	20.00				
新疆兵团	29.21	29.21				

各地区水产技术推广经费情况(三)

单位:万元

地　区	项目经费					
	合　计	省级站	市级站	县级站	区域站	乡级站
全国总计	**81 376.41**	**29 326.98**	**14 602.91**	**32 305.73**	**68.90**	**5 071.89**
北　京	1 791.07	1 510.51	280.56			
天　津	917.37	825.00	92.37			
河　北	1 546.14	939.78	502.86	52.00	51.50	
黑龙江	916.29	357.89	72.30	486.10		
山　西	328.11	236.84	23.50	67.77		
内蒙古	1 475.86	792.10	281.34	402.42		
辽　宁	2 714.05	1 421.00	1 126.05	167.00		
吉　林	2 120.00	500.00	580.00	1 040.00		
山　东	2 206.79	174.88	436.60	1 575.31		20.00
上　海	5 598.39	2 846.12		2 731.96		20.31
江　苏	4 258.33	200.00	1 164.44	2 574.56	17.40	301.93
浙　江	7 479.53	1 978.89	663.80	4 812.84		24.00
安　徽	895.05	184.00	195.56	466.49		49.00
福　建	4 121.61	2 164.94	317.00	1 639.67		
江　西	1 112.00	530.00	105.00	477.00		
河　南	1 706.14	280.00	267.84	1 158.30		
湖　北	2 178.96	40.00	594.20	1 493.40		51.36
湖　南	606.90	189.61	331.49	85.80		
广　东	9 268.00	3 560.00	4 031.00	733.00		944.00
广　西	2 303.22	489.55	575.60	916.33		321.74
海　南	627.40	360.00	99.70	167.70		
重　庆	5 730.99	2 523.02		3 207.97		
四　川	2 708.47		812.96	1 798.96		96.55
贵　州	5 383.33	40.00	141.00	1 972.33		3 230.00
云　南	2 961.57	163.64	425.61	2 369.32		3.00
陕　西	1 592.91	140.91	397.00	1 055.00		
甘　肃	726.77	345.00	254.77	127.00		
青　海	1 839.14	1 839.14				
宁　夏	1 219.40	168.00	776.00	275.40		
新　疆	969.09	869.73	54.36	45.00		
大　连	622.70	461.70		161.00		
青　岛	333.46	271.46		52.00		10.00
宁　波	1 161.10	967.00		194.10		
深　圳	1 946.27	1 946.27				
厦　门	10.00	10.00				
新疆兵团						

各地区水产技术推广人员编制情况(按层级分)

单位:人

地 区	编制人数					
	合 计	省级站	市级站	县级站	区域站	乡级站
全国总计	**33 198**	**1 466**	**3 719**	**12 170**	**473**	**15 370**
北 京	209	76	133			
天 津	204	25	129			50
河 北	950	26	154	680	90	
黑 龙 江	1 109	31	87	413		578
山 西	224	16	74	128		6
内 蒙 古	921	61	256	604		
辽 宁	534	74	128	137	10	185
吉 林	1 557	31	140	317	16	1 053
山 东	2 824	21	219	1 050	6	1 528
上 海	490	200		170		120
江 苏	2 437	48	184	657	30	1 518
浙 江	839	20	86	364	12	357
安 徽	1 403	17	153	540	55	638
福 建	1 499	33	127	392	2	945
江 西	711	20	34	235	26	396
河 南	970	38	210	722		
湖 北	1 080	30	129	469	28	424
湖 南	658	16	53	157		432
广 东	2 294	27	403	573	77	1 214
广 西	2 729	18	109	527		2 075
海 南	62	6	17	31		8
重 庆	927	38		303		586
四 川	1 897	10	167	844	121	755
贵 州	2 853	12	78	550		2 213
云 南	1 047	23	200	776		48
陕 西	1 169	156	194	819		
甘 肃	556	120	138	294		4
青 海	60	20	1	39		
宁 夏	205	28	50	112		15
新 疆	184	71	66	47		
大 连	104	41		58		5
青 岛	261	20		58		183
宁 波	186	48		104		34
深 圳	29	29				
厦 门	6	6				
新疆兵团	10	10				

各地区水产技术推广实有人员情况(按层级分)

单位:人

地 区	实有人数					
	合 计	省级站	市级站	县级站	区域站	乡级站
全国总计	**29 852**	**1 197**	**3 432**	**11 238**	**372**	**13 613**
北 京	172	68	104			
天 津	174	18	119			37
河 北	795	33	158	541	63	
黑龙江	1 000	23	62	417		498
山 西	162	12	57	88		5
内蒙古	834	54	218	562		
辽 宁	475	66	118	127	10	154
吉 林	1 502	29	130	292	16	1 035
山 东	2 743	21	236	959	6	1 521
上 海	397	136		146		115
江 苏	2 302	47	186	609	51	1 409
浙 江	820	19	77	337	9	378
安 徽	1 158	15	128	483	53	479
福 建	1 053	29	114	343	2	565
江 西	594	17	28	200	15	334
河 南	920	34	200	686		
湖 北	1 173	26	114	491	30	512
湖 南	625	16	51	147		411
广 东	2 107	25	364	519	66	1 133
广 西	2 459	13	109	481		1 856
海 南	84	13	22	41		8
重 庆	869	37		248		584
四 川	1 858	4	134	729	51	940
贵 州	1 852	10	66	457		1 319
云 南	999	20	192	748		39
陕 西	1 246	62	206	978		
甘 肃	529	84	131	307		7
青 海	55	19	1	35		
宁 夏	193	29	46	105		13
新 疆	153	63	61	29		
大 连	94	41		48		5
青 岛	290	20		36		234
宁 波	111	40		49		22
深 圳	38	38				
厦 门	7	7				
新疆兵团	9	9				

各地区水产技术推广实有人员情况（按技术职称和文化程度分）

单位：人

地区	技术职称					文化程度					
	正高级	副高级	中级	初级	其他	博士	硕士	本科	大专	中专	其他
全国总计	**465**	**3 218**	**9 793**	**8 840**	**7 536**	**64**	**1 256**	**9 834**	**11 609**	**4 471**	**2 618**
北　京	4	29	43	33	63	3	30	83	33	5	18
天　津	7	40	37	34	56	1	8	119	29	13	4
河　北	37	121	280	209	148	1	21	381	227	100	65
黑龙江	24	130	400	285	161	1	14	328	494	135	28
山　西	2	14	60	38	48		3	78	49	10	22
内蒙古	15	135	226	139	319		31	314	344	71	74
辽　宁	27	51	180	94	123		48	231	160	30	6
吉　林	24	122	533	544	279	1	42	290	585	375	209
山　东	30	218	880	900	715	10	124	915	969	397	328
上　海	14	68	116	140	59	9	73	170	90	32	23
江　苏	72	311	859	690	370	11	170	720	937	287	177
浙　江	28	108	340	203	141	5	84	409	241	55	26
安　徽	25	151	439	312	231		36	355	529	155	83
福　建	9	171	305	353	215	2	62	405	312	210	62
江　西	14	50	141	193	196		15	138	252	146	43
河　南	13	99	296	199	313	1	26	304	353	134	102
湖　北	5	49	306	402	411	3	17	144	459	346	204
湖　南		20	214	299	92		9	170	310	92	44
广　东	16	139	455	607	890	6	103	672	615	394	317
广　西	9	55	953	1 016	426		26	608	1 306	416	103
海　南	1	9	15	18	41	2	12	26	21	7	16
重　庆	9	94	336	175	255	1	43	302	314	167	42
四　川	8	156	616	597	481	1	58	563	834	306	96
贵　州	3	246	744	665	194		28	750	847	178	49
云　南	14	326	338	156	165		22	395	437	98	47
陕　西	10	68	260	255	653		11	297	418	206	314
甘　肃	10	74	129	115	201		12	217	193	59	48
青　海	2	7	16	11	19		4	26	21	3	1
宁　夏	8	68	68	31	18		5	143	40	5	
新　疆	8	21	37	25	62		29	73	33	5	13
大　连	2	15	40	23	14	1	31	28	29	3	2
青　岛	1	15	71	54	149	2	24	89	104	28	43
宁　波	12	31	38	16	14	3	25	62	15	3	3
深　圳		3	14	8	13		8	18	6		6
厦　门		1	4	1	1		1	4	2		
新疆兵团	2	3	4				1	7	1		

各地区水产技术推广实有人员情况（按性别和年龄分）

单位：人

地　区	性　别		年龄结构		
	男　性	女　性	35岁及以下	36~49岁	50岁及以上
全国总计	**21 800**	**8 052**	**5 724**	**15 195**	**8 933**
北　京	94	78	50	76	46
天　津	111	63	51	71	52
河　北	481	314	162	382	251
黑龙江	692	308	144	567	289
山　西	104	58	19	83	60
内蒙古	530	304	99	338	397
辽　宁	341	134	79	260	136
吉　林	1 140	362	140	887	475
山　东	1 922	821	500	1 575	668
上　海	301	96	117	121	159
江　苏	1 721	581	365	1 031	906
浙　江	651	169	219	285	316
安　徽	910	248	103	663	392
福　建	825	228	234	479	340
江　西	473	121	136	244	214
河　南	591	329	130	568	222
湖　北	910	263	146	609	418
湖　南	540	85	96	206	323
广　东	1 612	495	555	1 110	442
广　西	1 851	608	615	1 333	511
海　南	62	22	23	36	25
重　庆	635	234	237	325	307
四　川	1 414	444	399	977	482
贵　州	1 418	434	494	924	434
云　南	683	316	137	544	318
陕　西	770	476	190	774	282
甘　肃	356	173	106	274	149
青　海	30	25	10	33	12
宁　夏	122	71	25	84	84
新　疆	105	48	49	80	24
大　连	69	25	25	38	31
青　岛	215	75	44	148	98
宁　波	85	26	20	43	48
深　圳	24	14	3	22	13
厦　门	6	1	2		5
新疆兵团	6	3		5	4

各地区水产技术推广机构自有试验示范基地情况

单位:个,公顷

地　区	合　计		省级站		市级站		县级站		区域站		乡级站	
	数量	养殖面积	数量	养殖面积	数量	养殖面积	数量	养殖面积	数量	养殖面积	数量	养殖面积
全国总计	**512**	**9 790.0**	**33**	**949.4**	**78**	**1 298.4**	**288**	**5 558.9**	**6**	**33.0**	**107**	**1 950.2**
北　京	3	22.0	2	19.3	1	2.7						
天　津	3	48.7			3	48.7						
河　北	9	53.7	2	7.7	1	1.0	1	15.0	5	30.0		
黑龙江	9	215.0	1	16.0	4	19.0	4	180.0				
山　西	1	16.0			1	16.0						
内蒙古	8	88.6	1	20.0	2	32.0	5	36.6				
辽　宁	7	138.7			1	8.0	6	130.7				
吉　林	8	112.0			1	2.0	7	110.0				
山　东	26	647.1			3	204.1	10	399.0			13	44.0
上　海	11	141.3	3	79.8			4	35.5			4	26.0
江　苏	33	1 845.0	1	35.0	5	221.3	8	476.8	1	3.0	18	1 108.9
浙　江	9	87.7	2	22.4			6	52.3			1	13.0
安　徽	26	528.5					12	96.5			14	432.0
福　建	13	81.8			1	9.6	12	72.2				
江　西	26	284.6	1	7.0			10	92.6			15	185.0
河　南	18	177.3			6	32.3	12	145.0				
湖　北	31	1 484.0			7	410.1	24	1 074.0				
湖　南	1	4.0					1	4.0				
广　东	105	423.0	1	2.0	17	137.0	67	214.0			20	70.0
广　西	12	79.9			2	15.7	8	33.0			2	31.3
海　南	4	10.0	3		1	10.0						
重　庆	4	35.7					4	35.7				
四　川	41	275.5	1	29.0	6	39.2	34	207.3				
贵　州	32	67.1			2	7.0	11	40.1			19	20.0
云　南	33	134.0	1	6.0	5	18.8	27	109.2				
陕　西	17	1 920.5	3	30.0	4	28.6	10	1 861.9				
甘　肃	7	104.5	3	100.0	3	3.5	1	1.0				
青　海	1	0.4	1	0.4								
宁　夏												
新　疆	7	315.3	1	146.7	2	31.9	4	136.7				
大　连	2	400.0	2	400.0								
青　岛	1	20.0									1	20.0
宁　波	1	3.5	1	3.5								
深　圳	1	0.7	1	0.7								
厦　门	1	0.5	1	0.5								
新疆兵团	1	23.5	1	23.5								

各地区水产技术推广机构合作试验示范基地情况

单位:个,公顷

地　　区	合　计		省级站		市级站		县级站		区域站		乡级站	
	数量	养殖面积	数量	养殖面积	数量	养殖面积	数量	养殖面积	数量	养殖面积	数量	养殖面积
全国总计	**2347**	**95 770.6**	**96**	**11 089.6**	**290**	**8 149.0**	**1420**	**62 345.7**	**6**	**3 015.0**	**535**	**11 171.3**
北　　京	8	17.0			8	17.0						
天　　津	11	948.0			11	948.0						
河　　北	70	3 859.4	16	286.8	17	133.9	36	438.7	1	3 000.0		
黑 龙 江	5	460.0					5	460.0				
山　　西	10	49.0			3	16.6	7	32.4				
内 蒙 古	22	1 615.6	2	370.0	1	4.0	19	1 241.6				
辽　　宁	33	1 292.3			9	662.3	24	630.0				
吉　　林	82	5 550.0	3	450.0	7	600.0	72	4 500.0				
山　　东	199	14 973.2			23	438.0	126	13 711.0			50	824.2
上　　海	63	713.6	14	381.3			15	189.8			34	142.5
江　　苏	98	3 058.6			28	1 190.0	28	783.3			42	1 085.3
浙　　江	150	2 640.5	3	61.9	13	82.3	128	2 424.4			6	71.9
安　　徽	240	8 739.6			13	695.0	155	5 830.6			72	2 214.0
福　　建	141	4 272.6	34	294.6	6	22.2	101	3 955.8				
江　　西	98	2 375.8	1	67.0	16	233.0	34	1 031.8	5	15.0	42	1 029.0
河　　南	93	4 767.9	1	15.0	16	629.4	76	4 123.5				
湖　　北	291	15 152.4			29	1 112.0	167	11 777.4			95	2 263.0
湖　　南	27	8 801.0	4	8 500.0	3	45.0	10	56.0			10	200.0
广　　东	159	1 809.0	5	350.0	30	489.0	89	870.0			35	100.0
广　　西	90	5 152.9			30	341.9	39	2 183.0			21	2 628.0
海　　南	8	51.0			7	40.0	1	11.0				
重　　庆	64	736.3	1	8.0			59	708.2			4	20.1
四　　川	223	2 530.9					106	2 009.9			117	521.0
贵　　州	12	240.7			5	100.0	6	124.3			1	16.3
云　　南	24	127.1			4	14.6	15	92.5			5	20.0
陕　　西	33	3 331.1			2	66.5	31	3 264.6				
甘　　肃	23	227.3			6	115.4	17	112.0				
青　　海												
宁　　夏	14	1 185.0			3	153.0	11	1 032.0				
新　　疆	11	305.0	10	285.0			1	20.0				
大　　连	2	80.7	1	0.7			1	80.0				
青　　岛	3	116.0					2	80.0			1	36.0
宁　　波	39	572.0					39	572.0				
深　　圳												
厦　　门												
新疆兵团	1	19.3	1	19.3								

各地区水产技术推广机构房屋条件情况(一)

单位:米^2

地　区	办公用房面积					
	合　计	省级站	市级站	县级站	区域站	乡级站
全国总计	**439 732**	**41 231**	**68 633**	**137 921**	**4 153**	**187 794**
北　京	4 747	375	4 372			
天　津	1 306	210	823			273
河　北	7 071	700	2 242	3 404	725	
黑龙江	2 502	142	314	2 046		
山　西	2 909	126	2 006	736		41
内蒙古	7 734	461	1 898	5 375		
辽　宁	7 282	2 611	1 789	1 711	83	1 088
吉　林	14 688	1 326	3 457	3 080	155	6 670
山　东	27 188	635	2 264	11 523	90	12 676
上　海	11 588	6 059		3 893		1 636
江　苏	41 694	235	3 611	8 383	1 176	28 288
浙　江	11 069	383	1 788	2 992	400	5 506
安　徽	21 753	176	2 354	6 891	430	11 902
福　建	18 133	3 368	5 257	3 444	9	6 054
江　西	11 053	2 470	299	1 726	55	6 503
河　南	11 563	300	2 462	8 801		
湖　北	26 290	571	3 700	11 997		10 022
湖　南	5 248	200	30	228		4 790
广　东	23 588	500	5 411	6 136	110	11 431
广　西	53 605	2 400	1 009	3 216		46 980
海　南	1 085	180	369	536		
重　庆	14 704	2 102		4 246		8 356
四　川	23 542		3 622	10 973	920	8 027
贵　州	17 929	300	2 343	3 664		11 622
云　南	18 600	462	6 179	10 368		1 590
陕　西	21 626	1 820	4 397	15 409		
甘　肃	7 160	858	2 969	3 129		204
青　海	2 178	1 680		498		
宁　夏	2 572	660	690	1 122		99
新　疆	6 229	2 300	2 976	953		
大　连	1 812	1 460		317		35
青　岛	4 608	450		229		3 929
宁　波	3 444	2 476		896		72
深　圳	3 000	3 000				
厦　门	58	58				
新疆兵团	175	175				

各地区水产技术推广机构房屋条件情况(二)

单位:个

地　区	培训教室数量					
	合　计	省级站	市级站	县级站	区域站	乡级站
全国总计	**1 452**	**33**	**78**	**496**	**27**	**818**
北　京	6	3	3			
天　津	5		5			
河　北	19		1	13	5	
黑龙江						
山　西	7		4	3		
内蒙古	1			1		
辽　宁	4			4		
吉　林	2	1	1			
山　东	59		2	35		22
上　海	26	5		5		16
江　苏	164	1	4	17	6	136
浙　江	63	3	2	19	1	38
安　徽	122	1	1	18	6	96
福　建	89	1	3	23		62
江　西	18	1		8		9
河　南	44		6	36		2
湖　北	96		7	25		64
湖　南	24	1	1	4		18
广　东	98	1	21	44		32
广　西	87	1	2	16		68
海　南	2		1	1		
重　庆	56	1		9		46
四　川	275	2	3	165	9	96
贵　州	51			7		44
云　南	13	1	4	8		
陕　西	19		2	17		
甘　肃	7		3	4		
青　海	2	1		1		
宁　夏	4	1		3		
新　疆	6	1	2	3		
大　连	3	1		2		
青　岛	3					3
宁　波	76	5		5		66
深　圳						
厦　门						
新疆兵团	1	1				

各地区水产技术推广机构房屋条件情况(三)

单位:米²

地区	培训教室面积					
	合计	省级站	市级站	县级站	区域站	乡级站
全国总计	**96 374**	**4 245**	**6 373**	**25 080**	**1 411**	**59 264**
北京	422	182	240			
天津	434		434			
河北	620		20	570	30	
黑龙江						
山西	676		284	392		
内蒙古	40			40		
辽宁	194			194		
吉林	100	40	60			
山东	5 431		150	2 993		2 288
上海	2 492	1 062		225		1 205
江苏	12 186	96	380	1 190	311	10 209
浙江	6 489	389	550	1 630	80	3 840
安徽	9 249	50	30	1 379	720	7 070
福建	9 310	135	317	2 138		6 720
江西	2 004	400		595		1 009
河南	2 778		584	2 194		
湖北	7 100		312	1 740		5 048
湖南	1 460	70	100	290		1 000
广东	11 360	200	1 732	2 455		6 973
广西	4 825	270	53	1 348		3 154
海南	250		50	200		
重庆	3 260	80		595		2 585
四川	7 066	20	290	1 916	270	4 570
贵州	4 025			630		3 395
云南	1 004	120	434	450		
陕西	831		105	726		
甘肃	324		120	204		
青海	290	200		90		
宁夏	191	75		116		
新疆	453	125	128	200		
大连	90	30		60		
青岛	198					198
宁波	1 096	576		520		
深圳						
厦门						
新疆兵团	126	126				

各地区水产技术推广机构房屋条件情况（四）

单位：个

地　　区	实验室数量					
	合　计	省级站	市级站	县级站	区域站	乡级站
全国总计	**1 951**	**280**	**227**	**1 037**	**33**	**374**
北　　京	10	2	8			
天　　津	26	6	20			
河　　北	37	1	8	23	5	
黑 龙 江	22	1		21		
山　　西	6		3	3		
内 蒙 古	14	1	5	8		
辽　　宁	16	1	6	9		
吉　　林	48	1	6	41		
山　　东	65	1	8	51		5
上　　海	59	48		10		1
江　　苏	212	2	14	59	7	130
浙　　江	90	1	9	34		46
安　　徽	187	14	7	62	10	94
福　　建	66	1	8	57		
江　　西	29	1	5	18	1	4
河　　南	45	1	10	34		
湖　　北	293	1	12	260		20
湖　　南	10	1	1	8		
广　　东	157	1	23	71	1	61
广　　西	85	17	20	45		3
海　　南	20	1	16	3		
重　　庆	29	1		27		1
四　　川	62		4	44	9	5
贵　　州	10		1	9		
云　　南	33	1	6	26		
陕　　西	226	160	16	50		
甘　　肃	8	1	5	2		
青　　海	3	1		2		
宁　　夏	12	1	4	7		
新　　疆	8	2	2	4		
大　　连	39	2		37		
青　　岛	12	2		6		4
宁　　波	8	2		6		
深　　圳	1	1				
厦　　门	2	2				
新疆兵团	1	1				

各地区水产技术推广机构房屋条件情况(五)

单位:米²

地　区	实验室面积					
	合　计	省级站	市级站	县级站	区域站	乡级站
全国总计	**155 900**	**35 843**	**27 579**	**78 047**	**1 135**	**13 296**
北　京	5 794	4 385	1 409			
天　津	1 019	160	859			
河　北	3 945	1 600	318	1 997	30	
黑龙江	943	628		315		
山　西	1 088		750	338		
内蒙古	1 858	1 350	174	334		
辽　宁	4 316	650	2 235	1 431		
吉　林	3 027	600	1 287	1 140		
山　东	8 856	80	2 607	5 990		179
上　海	1 935	1 272		653		10
江　苏	16 176	817	2 600	8 433	170	4 156
浙　江	17 255	6 241	3 151	6 444		1 419
安　徽	11 967	1 080	285	7 845	615	2 142
福　建	6 914	1 056	872	4 986		
江　西	3 648	990	91	2 265	200	102
河　南	3 671	900	477	2 294		
湖　北	7 084	30	524	6 284		246
湖　南	850	600	50	200		
广　东	14 314	120	3 529	5 805	30	4 830
广　西	6 508	580	809	5 069		50
海　南	1 577	840	611	126		
重　庆	4 668	1 500		3 158		10
四　川	5 293		2 505	2 688	90	10
贵　州	1 179		20	1 159		
云　南	2 306	231	264	1 811		
陕　西	3 047	1 184	404	1 459		
甘　肃	933	429	261	243		
青　海	788	700		88		
宁　夏	2 869	1 200	690	979		
新　疆	2 148	1 200	797	151		
大　连	4 746	2 440		2 306		
青　岛	1 987	550		1 295		142
宁　波	2 131	1 369		762		
深　圳	407	407				
厦　门	510	510				
新疆兵团	144	144				

各地区水产技术推广机构房屋条件情况(六)

单位:万元

地　　区	实验室设备原值					
	合　计	省级站	市级站	县级站	区域站	乡级站
全国总计	**108 807.1**	**38 695.2**	**21 931.2**	**42 382.5**	**288.2**	**5 510.1**
北　京	7 196.5	5 673.8	1 522.8			
天　津	903.8	612.3	291.5			
河　北	3 691.8	1 900.0	743.3	988.5	60.0	
黑龙江	810.0	600.0		210.0		
山　西	273.8		200.0	73.8		
内蒙古	1 906.6	1 772.0	23.2	111.5		
辽　宁	4 349.7	1 200.0	2 452.3	697.4		
吉　林	1 960.5	530.0	850.0	580.5		
山　东	6 476.2	550.0	1 519.7	4 374.7		31.8
上　海	2 046.6	1 383.2		662.9		0.5
江　苏	9 862.1	1 299.0	1 260.4	6 217.3	15.2	1 070.2
浙　江	11 910.1	6 000.0	1 350.1	4 128.2		431.8
安　徽	4 109.7	700.8	133.4	2 509.0	153.0	613.5
福　建	4 691.5	530.0	2 254.2	1 907.3		
江　西	2 111.9	800.0	30.0	1 241.9	40.0	
河　南	2 574.6	1 100.0	112.7	1 361.9		
湖　北	2 751.8	20.0	341.1	2 290.7		100.0
湖　南	845.0	700.0	5.0	140.0		
广　东	11 548.0	480.0	4 659.0	3 188.0	10.0	3 211.0
广　西	3 339.6	118.6	819.9	2 386.2		15.0
海　南	2 096.5	1 050.0	946.5	100.0		
重　庆	2 628.8	1 259.9		1 366.9		2.0
四　川	2 789.8		1 067.0	1 710.3	10.0	2.5
贵　州	576.7		26.0	550.7		
云　南	1 078.8	65.1	140.8	872.9		
陕　西	1 621.9		598.8	1 023.2		
甘　肃	524.7	310.0	189.7	25.0		
青　海	1 273.4	1 238.4		35.0		
宁　夏	1 136.8	467.5	209.0	460.3		
新　疆	1 186.0	796.0	185.0	205.0		
大　连	5 087.0	3 433.0		1 654.0		
青　岛	1 796.2	1 000.0		764.4		31.8
宁　波	2 098.6	1 553.5		545.1		
深　圳	850.0	850.0				
厦　门	500.0	500.0				
新疆兵团	202.2	202.2				

各地区水产技术推广机构信息平台情况

地　　区	网站(个)	手机平台(户)	电话热线(条)	技术简报(个)
全国总计	**510**	**5 190**	**29 691**	**1 621**
北　　京	1	8	12	4
天　　津		43	1 262	1
河　　北	16	44	115	22
黑 龙 江			5 050	
山　　西	2	22	486	2
内 蒙 古	6	65	73	30
辽　　宁	3	24	1 573	10
吉　　林	4	694	768	75
山　　东	36	879	8 957	83
上　　海	6	41	53	5
江　　苏	50	419	758	135
浙　　江	42	176	211	20
安　　徽	55	273	1 440	103
福　　建		140	65	72
江　　西	11	87	142	16
河　　南	19	169	253	260
湖　　北	23	165	234	116
湖　　南	2	35	48	1
广　　东	45	137	852	37
广　　西	50	622	434	31
海　　南	2	31	47	20
重　　庆	5	121	695	138
四　　川	13	353	3 565	164
贵　　州	8	196	1 495	119
云　　南	90	232	200	90
陕　　西	7	70	681	1
甘　　肃	3	26	26	10
青　　海		25	52	6
宁　　夏	3	31	39	42
新　　疆		5	10	2
大　　连	3	3	10	2
青　　岛	1	41	59	1
宁　　波	3	10	21	3
深　　圳	1	1	1	
厦　　门				
新疆兵团		2	4	

各地区水产技术推广履职成效情况(一)

地　　区	示范关键技术(个)	检验检测(批次)	指导面积(公顷)	服务对象		
				农户(户)	企业(个)	合作组织(个)
全国总计	**4 375**	**194 739**	**3 314 650.6**	**1 300 078**	**28 099**	**24 051**
北　京	29	27 318	10 820.5	764	61	13
天　津	46	3 993	20 052.0	3 640	165	106
河　北	94	6 235	72 409.8	11 490	526	167
黑龙江	199	594	24 710.0	44 027	245	341
山　西	21	37	1 742.8	381	36	82
内蒙古	43	604	61 315.0	3 950	199	181
辽　宁	51	956	31 767.4	3 771	472	61
吉　林	143	2 450	92 095.0	4 892	277	765
山　东	365	8 278	357 626.1	46 065	1 370	1 203
上　海	41	4 394	13 811.6	5 955	42	477
江　苏	448	16 252	554 289.9	174 824	4 443	3 148
浙　江	312	13 195	234 271.8	24 318	1 550	877
安　徽	301	14 221	395 235.0	36 679	3 577	2 626
福　建	176	7 885	78 539.5	23 074	2 704	883
江　西	89	714	115 195.7	36 309	555	783
河　南	208	1 796	91 444.1	57 418	370	787
湖　北	377	16 585	386 952.3	114 228	1 226	3 244
湖　南	111	255	46 570.0	17 607	417	408
广　东	136	38 570	153 748.0	65 742	3 132	565
广　西	250	5 518	114 969.8	129 883	1 518	1 514
海　南	14	1 478	4 680.0	3 305	180	77
重　庆	90	2 112	35 976.7	17 462	1 199	661
四　川	178	5 552	107 097.9	69 435	998	2 831
贵　州	77	430	133 912.8	336 742	912	971
云　南	120	324	72 684.9	45 972	370	341
陕　西	76	6 362	22 672.3	5 948	544	360
甘　肃	56	277	5 319.3	1 796	240	200
青　海	5	99	573.7	357	35	57
宁　夏	82	1 811	23 394.4	1 628	77	144
新　疆	20	439	10 863.0	277	51	32
大　连	3	2 045	3 946.0	167	51	7
青　岛	21	740	17 590.0	1 570	303	48
宁　波	188	2 882	16 752.4	8 682	218	84
深　圳	2	103	1.0	35	25	2
厦　门		235	1 270.0	1 620	3	
新疆兵团	3		350.0	65	8	5

各地区水产技术推广履职成效情况(二)

地　　区	渔民技术培训		推广人员培训		公共信息服务		
	期数(期)	人数(人次)	业务培训(人次)	学历教育(人次)	信息覆盖用户(户)	发布公共信息(条)	发放技术资料(份)
全国总计	**13 840**	**992 334**	**55 435**	**2 995**	**1 387 683**	**3 897 810**	**4 579 095**
北　　京	35	1 492	583	1	1 606	23 942	10 045
天　　津	104	3 870	1 759	55	7 962	1 580	12 089
河　　北	256	13 031	611	42	4 963	10 989	31 295
黑 龙 江	372	20 910	1 818	130	128 730	5 665	92 558
山　　西	20	1 185	58		290	832	7 160
内 蒙 古	117	5 763	835	80	3 106	60 300	41 555
辽　　宁	68	4 629	437	2	5 699	64 638	25 018
吉　　林	158	7 600	2 780	49	16 415	20 400	25 160
山　　东	694	75 397	4 581	194	84 921	58 754	246 990
上　　海	318	14 213	1 436	20	4 887	9 928	47 519
江　　苏	2 135	166 872	7 502	314	160 560	270 690	643 178
浙　　江	821	49 618	2 707	71	46 614	89 053	97 479
安　　徽	826	64 924	2 320	566	80 447	169 069	330 636
福　　建	366	16 637	3 017	57	109 494	609 674	162 001
江　　西	395	24 042	480	68	22 706	21 935	94 550
河　　南	524	49 379	1 249	110	36 815	127 714	300 506
湖　　北	1 402	100 624	1 367	85	167 839	751 866	613 207
湖　　南	65	55 412	183	7	5 574	48 031	69 970
广　　东	893	45 788	3 436	203	67 043	873 873	199 950
广　　西	567	30 445	7 721	196	127 326	321 233	260 100
海　　南	61	3 476	73	6	3 736	2 529	16 620
重　　庆	409	18 114	716	60	19 797	15 042	106 354
四　　川	1 061	80 273	2 874	198	69 258	100 103	449 599
贵　　州	692	55 164	2 508	287	146 533	41 574	177 267
云　　南	669	47 095	1 246	25	24 216	71 363	190 787
陕　　西	302	13 871	1 592	77	13 116	50 899	184 906
甘　　肃	166	3 648	663	73	916	1 632	36 668
青　　海	21	748	58	10	452	1 745	5 624
宁　　夏	147	7 330	395	2	2 219	19 147	50 822
新　　疆	10	364	70		792	85	2 241
大　　连	14	790	43	2	280	20 720	1 700
青　　岛	45	2 820	104	5	2 769	21 738	12 396
宁　　波	75	3 933	163		19 658	8 003	12 253
深　　圳	4	1 880	30		376	879	19 372
厦　　门	28	997	20		380	2 125	1 300
新疆兵团					188	60	220

各地区水产技术推广机构技术成果

地　　区	技术成果数量（个）	审定新品种（个）	获奖情况（个）				获得专利（项）	发表论文（篇）	制定标准/规范（个）	出版图书（本）
			国家级	省部级	市厅级	县　级				
全国总计	**143**	**10**	**18**	**90**	**91**	**55**	**166**	**1 567**	**211**	**53**
北　　京	5			7			2	17	3	1
天　　津	11			1				3		
河　　北	4	3	1	1	3		2	60	11	3
黑 龙 江				1				151		2
山　　西										
内 蒙 古							2	14	15	
辽　　宁	3			2	1		1	25	5	1
吉　　林			1					22	4	
山　　东	3			2	6		19	105	7	4
上　　海	9				3		13	46		2
江　　苏	12	1		7	13	23	23	201	30	2
浙　　江	13		1	6	9	8	5	57	16	5
安　　徽	16			8	3	3	28	185	19	4
福　　建	7			4			2	60	8	3
江　　西	4		1	7	8	9	2	60	7	3
河　　南	6	3		4	2	3	7	70	27	11
湖　　北			4				2	60	9	2
湖　　南								4		
广　　东	8	2	7	21	5	1	13	101	9	2
广　　西	10			5	27		9	58	5	2
海　　南	3							4		
重　　庆	3			3		3	5	63	1	3
四　　川	8	1	1	2	1		2	11	10	
贵　　州	10		2	2	5	5	6	34	19	2
云　　南							4	25		
陕　　西							1	22		
甘　　肃	3			1	2		4	19		
青　　海	1						3	7		
宁　　夏				5				8	3	
新　　疆							5	29		
大　　连							1	10		1
青　　岛	1						1	15		
宁　　波	3			1	3		4	18	3	
深　　圳								3		
厦　　门										
新疆兵团										

第七部分

灾　　害

各地区渔业灾情造成的经济损失(一)

单位:万元

地 区	1. 水产品损失					
	合 计	台风、洪涝	病 害	干 旱	污 染	其 他
全国总计	**1 348 657.81**	**693 766.06**	**231 119.62**	**292 990.11**	**31 585.44**	**99 196.58**
北 京	105.00		105.00			
天 津	852.20	1.00	851.20			
河 北	38 997.77	25 982.77	1 945.00		580.00	10 490.00
山 西	387.60			354.60	3.00	30.00
内 蒙 古	1 807.00		96.00	1 711.00		
辽 宁	39 338.20	35 757.20	631.00		250.00	2 700.00
吉 林	156.00	79.00	17.00	60.00		
黑 龙 江	22 121.20	22 121.20				
上 海	1 020.50	17.50	960.50		42.50	
江 苏	109 923.00	25 741.00	52 044.00	19 259.00	2 188.00	10 691.00
浙 江	122 495.00	98 136.00	22 763.00	1 427.00	29.00	140.00
安 徽	158 924.33	8 393.00	24 134.69	122 447.56	3 458.08	491.00
福 建	33 370.00	14 138.00	9 382.00	33.00	9 200.00	617.00
江 西	176 238.52	69 002.75	51 283.23	50 750.89	1 057.25	4 144.40
山 东	213 900.00	174 711.00	8 130.00	10 710.00	12 758.00	7 591.00
河 南	5 748.00	1 085.00	2 017.00	2 041.00	299.00	306.00
湖 北						
湖 南	210 296.00	97 314.00	8 353.00	76 745.00	608.00	27 276.00
广 东	63 026.00	19 172.00	30 109.00	2 888.00	815.00	10 042.00
广 西	97 775.22	72 326.86	5 459.96	223.30	30.50	19 734.60
海 南	3 315.00	321.00	2 911.00		83.00	
重 庆	2 506.00	1 188.00	1 073.00	107.00	94.00	44.00
四 川	21 548.19	14 020.69	2 943.00	1.50	21.00	4 562.00
贵 州	9 171.49	8 720.64	89.65	349.20		12.00
云 南	9 636.32	3 238.00	2 761.89	3 346.31	65.62	224.50
西 藏						
陕 西	3 224.10	2 261.77	346.00	517.25		99.08
甘 肃	341.77	37.68	298.10	0.50	3.49	2.00
青 海						
宁 夏	159.20		159.20			
新 疆	2 274.20		2 256.20	18.00		

各地区渔业灾情造成的经济损失(二)

单位:万元

地　　区	2.(台风、洪涝)损毁渔业设施							
	合　计	池　塘	网箱(鱼排)	围　栏	沉　船	船　损	堤　坝	泵　站
全国总计	**215 025.43**	**116 820.57**	**19 063.90**	**560.00**	**1 614.10**	**8 430.50**	**18 117.88**	**379.00**
北　京								
天　津								
河　北	2 199.00	1 180.00			80.00		151.00	120.00
山　西								
内蒙古								
辽　宁	873.00					40.00	133.00	
吉　林	56.00						51.00	
黑龙江	2 019.00	2 019.00						
上　海	32.30					10.00		
江　苏	5 560.00	3 635.00	753.00	38.00	15.00	130.00	3.00	18.00
浙　江	56 080.00	15 332.00	10 406.00	77.00	1 336.00	6 481.00	584.00	
安　徽	979.00	533.00	114.00	13.00			246.00	
福　建	5 855.00	3 224.00	891.00	22.00	1.00	105.00	156.00	
江　西	20 899.81	11 734.01	314.00	114.00	10.00	6.00	1 253.20	
山　东	55 928.30	39 117.00	3 923.00	212.00	9.30	215.00	5 021.00	110.00
河　南	50.00							
湖　北	4 743.00	2 470.00		5.00	37.00	780.00	1 075.00	18.00
湖　南	32 676.00	19 092.00	227.00		66.00	210.00	8 617.00	83.00
广　东	10 818.00	6 361.00	1 519.00	44.00	34.00	390.00	584.00	30.00
广　西	2 509.01	1 470.41	685.00		17.80	58.50	36.00	
海　南	1 237.00	1 229.00			8.00			
重　庆	341.00	255.00					86.00	
四　川	8 143.88	7 860.88					41.00	
贵　州	667.90	442.82	0.90	20.00		5.00	34.68	
云　南	935.00	771.00	131.00	15.00			16.00	
西　藏								
陕　西	2 407.95	90.95	100.00				25.00	
甘　肃	15.28	3.50					5.00	
青　海								
宁　夏								
新　疆								

各地区渔业灾情造成的经济损失(三)

单位:万元

地 区	2.(台风、洪涝)损毁渔业设施(续)							直接经济损失合计
	涵 闸	码 头	护 岸	防波堤	工厂化养殖	苗种繁育场	其 他	
全国总计	**533.00**	**4 053.00**	**5 475.50**	**4 307.00**	**5 705.00**	**8 893.00**	**21 072.98**	**1 563 683.24**
北 京								105.00
天 津								852.20
河 北				600.00	68.00			41 196.77
山 西								387.60
内蒙古								1 807.00
辽 宁		50.00	650.00					40 211.20
吉 林	5.00							212.00
黑龙江								24 140.20
上 海							22.30	1 052.80
江 苏	5.00		1.00	270.00	140.00	342.00	210.00	115 483.00
浙 江	20.00	2 106.00	1 233.00	1 145.00	1 898.00	4 045.00	11 417.00	178 575.00
安 徽			53.00			9.00	11.00	159 903.33
福 建		102.00			38.00	179.00	1 137.00	39 225.00
江 西			1 438.00	993.00	612.00	185.00	4 240.60	197 138.33
山 东	21.00	1 406.00	543.50	408.50	2 686.00	1 729.00	527.00	269 828.30
河 南						50.00		5 798.00
湖 北	7.00		122.00	6.00	3.00	10.00	210.00	4 743.00
湖 南	153.00	289.00	733.00	173.00	65.00	1 468.00	1 500.00	242 972.00
广 东	280.00	100.00	620.00	677.00	50.00	46.00	83.00	73 844.00
广 西			42.00	31.00	65.00	10.00	93.30	100 284.23
海 南								4 552.00
重 庆								2 847.00
四 川	40.00						202.00	29 692.07
贵 州			38.00	1.50	80.00	40.00	5.00	9 839.39
云 南	2.00							10 571.32
西 藏								
陕 西						780.00	1 412.00	5 632.05
甘 肃			2.00	2.00			2.78	357.05
青 海								
宁 夏								159.20
新 疆								2 274.20

各地区渔业灾情造成的数量损失(一)

地　　区	1. 受灾养殖面积(公顷)						2. 水产品损失(吨)		
	合　计	台风、洪涝	病　害	干　旱	污　染	其　他	合　计	台风、洪涝	病　害
全国总计	**741 833**	**278 191**	**148 492**	**178 248**	**10 349**	**126 553**	**842 180**	**369 866**	**171 380**
北　　京	85		85				75		75
天　　津	1 073	2	1 071				938	4	934
河　　北	17 001	15 389	734		58	820	24 003	21 811	764
山　　西	61			58		3	242		
内 蒙 古	2 333		30	2 303			1 373		51
辽　　宁	19 598	17 483	100		2 000	15	4 370	3 065	485
吉　　林	492	150	42	300			75	19	20
黑 龙 江	15 090	15 090					16 388	16 388	
上　　海	428	1	406		21		452	9	427
江　　苏	57 101	9 208	28 302	15 025	2 178	2 388	49 632	15 875	21 956
浙　　江	40 686	32 760	7 112	749	37	28	49 916	40 820	8 848
安　　徽	122 407	12 961	19 767	87 516	1 619	544	106 336	4 575	15 254
福　　建	6 293	3 568	1 164	42	1 500	19	25 217	6 980	6 930
江　　西	113 119	43 627	39 367	28 763	415	947	164 405	59 886	47 809
山　　东	74 374	57 803	2 124	11 532	1 309	1 606	97 260	65 215	9 343
河　　南	5 222	347	3 052	1 345	216	262	4 940	1 001	2 195
湖　　北	36 064	7 981	15 957	1 080	368	10 678	32 163	6 635	14 685
湖　　南	172 571	38 263	15 404	25 543	174	93 187	143 733	84 255	7 153
广　　东	33 682	9 931	7 193	1 304	351	14 903	52 472	14 567	22 207
广　　西	6 627	3 284	2 330	347	24	642	40 089	13 851	4 520
海　　南	301	63	210		22	6	1 740	243	1 424
重　　庆	1 351	185	1 040	88	21	17	2 334	814	1 190
四　　川	3 865	3 198	353	1	4	309	11 513	7 856	1 933
贵　　州	6 812	5 618	17	1 174		3	2 937	2 732	32
云　　南	3 329	1 143	982	1 052	19	133	6 468	2 077	1 409
西　　藏									
陕　　西	239	131	37	19	10	42	1 445	1 143	123
甘　　肃	82	5	71	2	3	1	175	45	125
青　　海									
宁　　夏	173		173				151		151
新　　疆	1 374		1 369	5			1 338		1 337

各地区渔业灾情造成的数量损失(二)

地 区	2. 水产品损失(吨)(续)			3.(台风、洪涝)损毁渔业设施					
	干 旱	污 染	其 他	池塘(公顷)	网箱(鱼排)(箱)	围栏(千米)	沉船(艘)	船损(艘)	堤坝(米)
全国总计	**215 027**	**26 210**	**59 697**	**78 601**	**29 765**	**13 020**	**199**	**1 645**	**509 096**
北 京									
天 津									
河 北		210	1 218	2 703			1		1 500
山 西	220	2	20						
内 蒙 古	1 322								
辽 宁		500	320	15	4			2	1 250
吉 林	36			25					1 340
黑 龙 江				15 090					
上 海		16						8	
江 苏	9 032	2 299	470	1 111	2 012	27			120
浙 江	178	26	44	4 256	16 168	1 006	81	1 053	3 159
安 徽	84 255	1 958	294	418	422	1			11 941
福 建	22	10 950	335	328	3 756	5	1	6	2 866
江 西	52 406	942	3 362	10 975	704	720	5	5	25 311
山 东	14 275	7 551	876	23 363	484	10 001	3	103	258 951
河 南	1 100	366	278						
湖 北	7 500	360	2 983	3 313			10	2	18 985
湖 南	39 181	125	13 019	13 400	318		83	406	173 631
广 东	2 063	656	12 979	1 585	2 055	157	5	23	3 918
广 西	189	29	21 500	914	611		9	37	512
海 南		68	5	108			1		
重 庆	220	77	33	17					445
四 川	1	10	1 713	669					1 310
贵 州	163		10	197		3			3 457
云 南	2 772	60	150	77	3 071	1 100			200
西 藏									
陕 西	90	2	87	33	160				
甘 肃	1	3	1	4					200
青 海									
宁 夏									
新 疆	1								

各地区渔业灾情造成的数量损失(三)

地　区	3.(台风、洪涝)损毁渔业设施(续)							4.人员损失(人)			
	泵站(座)	涵闸(座)	码头(米)	护岸(米)	防波堤(米)	工厂化养殖	苗种繁育场	合计	失踪	死亡	重伤
全国总计	**186**	**266**	**4 953**	**62 040**	**10 918**	**143**	**134**	**8**	**1**	**5**	**2**
北　京											
天　津											
河　北	1				600	13		2		2	
山　西											
内蒙古											
辽　宁			300	2 700				1	1		
吉　林		1									
黑龙江											
上　海								2			2
江　苏				950	150	2					
浙　江		1	2 506	2 997	930	21	67	3		3	
安　徽				1 015			6				
福　建			60			1	10				
江　西				31 494	4 046	2	3				
山　东	46	21	701	2 367	485	95	8				
河　南							1				
湖　北	38	13		15 116	1	3					
湖　南	41	27	1 300	2 076	1 571	2	29				
广　东	60	189	80	1 295	2 164	1	5				
广　西			6	1 590	382	3	2				
海　南											
重　庆		12									
四　川		1									
贵　州				240	420		1				
云　南		1									
西　藏											
陕　西							2				
甘　肃				200	169						
青　海											
宁　夏											
新　疆											

附　　录

附录 1

水产品产量数据调整说明

1. 根据第二次农业普查结果调整水产品产量数据说明

第二次全国农业普查结束后，按照国家统计局要求，原农业部对 2006 年渔业统计数据进行了调整。调整以农业普查水产养殖面积调查结果为依据，以各省、自治区、直辖市 2006 年的养殖单产水平、养殖结构为参考依据，综合测算各省、自治区、直辖市水产品产量调减比例，核定 2006 年水产品产量。并以此为基数，参考渔业统计年报中各年度间的产量调整比例，对 1997—2005 年的水产品产量数据进行了相应调整。

2. 根据第三次农业普查结果调整水产品产量数据说明

第三次全国农业普查结束后，农业农村部联合国家统计局对 2016 年渔业统计数据进行了调整。调整以农业普查结果为依据，对各省、自治区、直辖市 2016 年水产养殖面积进行适当核定修正，并以各省、自治区、直辖市 2016 年水产养殖面积、从业人员、水产苗种等指标数据为参考依据，综合测算核定各省、自治区、直辖市 2016 年水产品产量。并以此为基数，参考渔业统计年报中各年度间的产量调整比例，对 2012—2015 年的水产品产量数据进行了相应调整。

附录 2

调整后历年产量对照表(一)

单位:万吨

年份	调整前	调整后	其　中				
			海洋捕捞	远洋渔业	海水养殖	淡水捕捞	淡水养殖
1987	1 091.93	1 091.93	479.91	6.39	192.61	64.61	348.41
1988	1 225.32	1 225.32	504.66	9.64	249.29	71.98	389.75
1989	1 332.58	1 332.58	548.33	10.71	275.73	80.78	417.03
1990	1 427.26	1 427.26	594.40	17.09	284.22	85.64	445.91
1991	1 572.99	1 572.99	644.35	32.35	333.31	100.39	462.59
1992	1 824.46	1 824.46	720.84	46.43	424.31	99.09	533.79
1993	2 152.31	2 152.31	795.53	56.22	540.23	112.07	648.26
1994	2 515.69	2 515.69	925.61	68.83	604.80	126.79	789.66
1995	2 953.04	2 953.04	1 054.07	85.68	721.51	151.02	940.76
1996	3 280.72	3 280.72	1 152.99	92.65	765.89	175.43	1 093.76
1997	3 601.78	**3 118.59**	1 092.73	103.70	691.66	163.45	1 067.04
1998	3 906.65	**3 382.66**	1 201.25	91.31	751.99	197.51	1 140.60
1999	4 122.43	**3 570.15**	1 203.46	89.91	851.89	197.95	1 226.94
2000	4 278.99	**3 706.23**	1 189.43	86.52	927.96	193.44	1 308.88
2001	4 382.09	**3 795.92**	1 155.64	88.49	989.38	186.23	1 376.20
2002	4 565.18	**3 954.86**	1 128.34	109.64	1 060.47	194.71	1 461.69
2003	4 706.11	**4 077.02**	1 121.20	115.77	1 095.86	213.28	1 530.92
2004	4 901.77	**4 246.57**	1 108.08	145.11	1 151.29	209.60	1 632.49
2005	5 101.65	**4 419.86**	1 111.28	143.81	1 210.81	220.97	1 733.00
2006	5 290.40	**4 583.60**	1 136.40	109.07	1 264.16	220.38	1 853.59
2007	4 747.52	4 747.52	1 136.03	107.52	1 307.34	225.64	1 970.99
2008	4 895.59	4 895.59	1 149.63	108.33	1 340.32	224.82	2 072.49
2009	5 116.40	5 116.40	1 178.61	97.72	1 405.22	218.39	2 216.46
2010	5 373.00	5 373.00	1 203.59	111.64	1 482.30	228.94	2 346.53
2011	5 603.21	5 603.21	1 241.94	114.78	1 551.33	223.23	2 471.93
2012	5 907.68	**5 502.14**	1 190.02	124.40	1 575.20	204.02	2 408.51
2013	6 172.00	**5 744.22**	1 191.99	135.70	1 664.65	204.17	2 547.69
2014	6 461.52	**6 001.92**	1 200.18	203.68	1 732.40	202.49	2 663.17
2015	6 699.64	**6 210.97**	1 216.81	218.93	1 796.56	199.34	2 779.34
2016	6 901.25	**6 379.48**	1 187.20	198.75	1 915.31	200.33	2 877.89
2017	6 445.33	6 445.33	1 112.42	208.62	2 000.70	218.30	2 905.29
2018	6 457.66	6 457.66	1 044.46	225.75	2 031.22	196.39	2 959.84
2019	6 480.36	6 480.36	1 000.15	217.02	2 065.33	184.12	3 013.74

注:根据第二次全国农业普查结果调整了 1997—2006 年产量,根据第三次全国农业普查结果调整了 2012—2016 年产量。

调整后历年产量对照表(二)

单位:万吨

年份	调整前	调整后	海洋产品			淡水产品		
				捕捞	养殖		捕捞	养殖
1987	1 091.93	1 091.93	678.91	486.30	192.61	413.02	64.61	348.41
1988	1 225.32	1 225.32	763.59	514.30	249.29	461.73	71.98	389.75
1989	1 332.58	1 332.58	834.77	559.04	275.73	497.81	80.78	417.03
1990	1 427.26	1 427.26	895.71	611.49	284.22	531.55	85.64	445.91
1991	1 572.99	1 572.99	1 010.01	676.70	333.31	562.98	100.39	462.59
1992	1 824.46	1 824.46	1 191.58	767.27	424.31	632.88	99.09	533.79
1993	2 152.31	2 152.31	1 391.98	851.75	540.23	760.33	112.07	648.26
1994	2 515.69	2 515.69	1 599.24	994.44	604.80	916.45	126.79	789.66
1995	2 953.04	2 953.04	1 861.26	1 139.75	721.51	1 091.78	151.02	940.76
1996	3 280.72	3 280.72	2 011.53	1 245.64	765.89	1 269.19	175.43	1 093.76
1997	3 601.78	3 118.59	1 888.10	1 196.44	691.66	1 230.50	163.45	1 067.04
1998	3 906.65	3 382.66	2 044.55	1 292.56	751.99	1 338.11	197.51	1 140.60
1999	4 122.43	3 570.15	2 145.26	1 293.37	851.89	1 424.89	197.95	1 226.94
2000	4 278.99	3 706.23	2 203.91	1 275.95	927.96	1 502.32	193.44	1 308.88
2001	4 382.09	3 795.92	2 233.50	1 244.12	989.38	1 562.42	186.23	1 376.20
2002	4 565.18	3 954.86	2 298.45	1 237.98	1 060.47	1 656.40	194.71	1 461.69
2003	4 706.11	4 077.02	2 332.82	1 236.97	1 095.86	1 744.20	213.28	1 530.92
2004	4 901.77	4 246.57	2 404.47	1 253.18	1 151.29	1 842.09	209.60	1 632.49
2005	5 101.65	4 419.86	2 465.89	1 255.08	1 210.81	1 953.97	220.97	1 733.00
2006	5 290.40	4 583.60	2 509.63	1 245.47	1 264.16	2 073.97	220.38	1 853.59
2007	4 747.52	4 747.52	2 550.89	1 243.55	1 307.34	2 196.63	225.64	1 970.99
2008	4 895.59	4 895.59	2 598.28	1 257.96	1 340.32	2 297.31	224.82	2 072.49
2009	5 116.40	5 116.40	2 681.55	1 276.33	1 405.22	2 434.85	218.39	2 216.46
2010	5 373.00	5 373.00	2 797.53	1 315.23	1 482.30	2 575.47	228.94	2 346.53
2011	5 603.21	5 603.21	2 908.05	1 356.72	1 551.33	2 695.16	223.23	2 471.93
2012	5 907.68	5 502.14	2 889.61	1 314.41	1 575.20	2 612.53	204.02	2 408.51
2013	6 172.00	5 744.22	2 992.35	1 327.70	1 664.65	2 751.87	204.17	2 547.69
2014	6 461.52	6 001.92	3 136.25	1 403.85	1 732.40	2 865.66	202.49	2 663.17
2015	6 699.64	6 210.97	3 232.29	1 435.73	1 796.56	2 978.67	199.34	2 779.34
2016	6 901.25	6 379.48	3 301.26	1 385.95	1 915.31	3 078.22	200.33	2 877.89
2017	6 445.33	6 445.33	3 321.74	1 321.04	2 000.70	3 123.59	218.30	2 905.29
2018	6 457.66	6 457.66	3 301.43	1 270.21	2 031.22	3 156.23	196.39	2 959.84
2019	6 480.36	6 480.36	3 282.50	1 217.17	2 065.33	3 197.86	184.12	3 013.74

附录 3

渔业统计指标解释

第一章　水产品产量

第 1 条　水产品特征及产量统计范围

水产品指渔业(捕捞和养殖)生产活动的最终有效成果,它具有以下特征:

(1)它是渔业生产活动的成果。水产品既是渔业生产的劳动对象,也是渔业生产的劳动成果,它包括全部海淡水鱼类、甲壳类(虾、蟹)、贝类、头足类、藻类和其他类渔业产品。

(2)它是渔业生产活动的最终成果。渔业生产过程中的中间成果,如鱼苗、鱼种、亲鱼、转塘鱼、存塘鱼和自用作饵料的产品,不是最终成果,不能统计在水产品产量中。

(3)它是渔业生产活动的最终有效成果。水产品在上岸前已经腐烂变质,不能供人食用或加工成其他制品的,不统计在水产品产量中。

第 2 条　产量统计年度和统计者

(1)年水产品产量按日历年度计算。即从每年 1 月 1 日至 12 月 31 日止已从养殖水域捕捞起水或者已从天然水域捕捞并已返航卸港的水产品均统计在年产量中,有的生产渔船在外地收港卸鱼或者在海上由收购船扒载收购的,也按到港计算产量。

(2)水产品产量统计中,养殖产量按照水域所在地统计,国内捕捞产量按照渔船所属地统计,远洋渔业产量按照远洋渔业管理办法进行统计。

第 3 条　产量计量标准

除海蜇按三矾后的成品计量、各种藻类按干品计量外,其余各种水产品均按捕捞起水时鲜品实重(原始重量)计量。此外,供观赏的水生动物按个体计算。

第 4 条　养殖产量与捕捞产量划分原则

凡人工养殖并已起水的水产品数量为养殖产量,凡捕捞天然生长的水产品数量为捕捞产量。

(1)凡是人工投放苗种(不包括灌江纳苗)并进行人工饲养管理的淡水养殖水域中捕捞的水产品产量计算为淡水养殖产量,否则为淡水捕捞产量。

(2)凡是人工投放苗种或天然纳苗并进行人工饲养管理的海水养殖水域中捕捞的水产品产量计算为海水养殖产量,否则为海洋捕捞产量。

(3)稻田养殖起水的水产品,也计算为淡水养殖产量。

第 5 条　水产品分类

水产品分为海水产品和淡水产品两大类。

一、海水产品

海水产品包括海洋捕捞产品、海水养殖产品和远洋渔业产品。其中,海洋捕捞产品产量指国内海洋捕捞产品产量不包括远洋渔业产量。

1. 海洋捕捞产品:包括海洋捕捞鱼类、甲壳类(虾、蟹)、贝类、藻类、头足类和其他类。

(1)海洋捕捞鱼类:海鳗、鳓鱼、鳀鱼、沙丁鱼、鲱鱼、石斑鱼、鲷鱼、蓝圆鲹、白姑鱼、黄姑鱼、鮸鱼、大黄鱼、小黄鱼、梅童鱼、方头鱼、玉筋鱼、带鱼、金线鱼、梭鱼、鲐鱼、鲅鱼、金枪鱼、鲳鱼、马面鲀、竹筴鱼和鲻鱼等。

(2)海洋捕捞甲壳类:虾和蟹。虾包括毛虾、对虾、鹰爪虾、虾蛄等。蟹包括梭子蟹、青蟹和蟳等。

(3)海洋捕捞贝类:蛤、蛏、蚶和螺等。

(4)海洋捕捞藻类:江蓠、石花菜和紫菜等。

(5)海洋捕捞头足类:乌贼、鱿鱼和章鱼等。

(6)海洋捕捞其他类:海蜇等。

2. 海水养殖产品:包括海水养殖鱼类、甲壳类(虾、蟹)、贝类、藻类、其他类。

(1)海水养殖鱼类:鲈鱼、鲆鱼、大黄鱼、军曹鱼、鲕鱼、鲷鱼、美国红鱼、河鲀、石斑鱼和鲽鱼等。

(2)海水养殖甲壳类:虾和蟹。虾包括南美白对虾、斑节对虾、中国对虾和日本对虾等。蟹包括梭子蟹和青蟹等。

(3)海水养殖贝类:牡蛎、鲍、螺、蚶、贻贝、江珧、扇贝、蛤和蛏等。

(4)海水养殖藻类:海带、裙带菜、紫菜、江蓠、麒麟菜、石花菜、羊栖菜和苔菜等。

(5)海水养殖其他类:海参、海胆、海水珍珠和海蜇等。

3. 远洋渔业产品:见第27条。

二、淡水产品

淡水产品包括淡水养殖产品和淡水捕捞产品。

1. 淡水养殖产品:包括鱼类、甲壳类(虾、蟹)、贝类、藻类和其他类产品。

(1)淡水养殖鱼类:鲟鱼、鳗鲡、青鱼、草鱼、鲢鱼、鳙鱼、鲤鱼、鲫鱼、鳊鲂、泥鳅、鲇鱼、鮰鱼、黄颡鱼、鲑鱼、鳟鱼、河鲀、短盖巨脂鲤、长吻鮠、黄鳝、鳜鱼、鲈鱼、乌鳢和罗非鱼等。

(2)淡水养殖甲壳类:虾和河蟹,其中虾包括罗氏沼虾、青虾、克氏原螯虾和南美白对虾等。

(3)淡水养殖贝类:河蚌、螺、蚬等。

(4)淡水养殖藻类:即螺旋藻。

(5)淡水养殖其他类产品:龟、鳖、蛙和珍珠等。

(6)观赏鱼统计按“条”计量,其重量不计入淡水养殖总产量。

2. 淡水捕捞产品:包括鱼类、甲壳类(虾、蟹)、贝类、藻类和其他类。其他类中包括丰年虫等。

第6条　海洋捕捞产量(按海区、渔具分类)

1. 按捕捞海域分为渤海、黄海、东海和南海区产量。渤海、黄海、东海、南海区划分界线:

(1)渤海:东以辽宁老铁山西角经庙岛群岛至蓬莱角连线与黄海为界。

(2)黄海:南以长江口北角至韩国济州岛西南端连线与东海为界,东至朝鲜半岛与朝鲜海峡。

(3)东海:南以闽粤省界经东山岛南端至台湾省南端的鹅銮鼻灯塔连线与南海为界,东至对马海峡日本琉球群岛与我国台湾省。

(4)南海:东以巴士海峡、巴林塘海峡、菲律宾群岛与太平洋为界,南至加里曼丹,西临中南半岛及马来半岛。

2. 按捕捞渔具分为拖网、围网、刺网、张网、钓具和其他渔具产量。

(1)拖网:单拖和双拖。

(2)围网:单船围网、双船围网和多船围网。

(3)刺网:定置刺网、漂流刺网、包围刺网和拖曳刺网。

(4)张网:单桩、双桩、多桩、单锚、双锚、船张、樯张和并列张网。

(5)钓具:漂流延绳钓、定置延绳钓、曳绳钓和垂钓(如鱿钓)。

(6)其他渔具:地拉网、敷网、抄网、掩罩、陷阱、耙刺、笼壶等类型。

第 7 条　海水养殖产量(按养殖水域分类)

(1)海上养殖:在低潮位线以下从事海水养殖生产。

(2)滩涂养殖:在潮间带间从事海水养殖生产。

(3)其他养殖:在高潮位线以上从事海水养殖生产。

第 8 条　淡水养殖产量(按养殖水域分类)

按养殖水面类型不同,分为池塘、湖泊、水库、河沟、稻田及其他养殖方式。

第 9 条　部分养殖方式分类产量

(1)普通网箱:网箱一般由合成纤维如尼龙、聚氯乙烯等网线编织而成,装置在网箱架上。普通网箱面积均为数平方米到数十平方米。一般安置在港湾、沿岸、湖泊、水库和河沟等水域。

(2)深水网箱:深水网箱是一种大型海水网箱,主要有重力式聚乙烯网箱、浮绳式网箱和碟形网箱三种类型,具有抗风浪性能。网箱水体均为数百立方米到数千立方米。深水网箱一般安置在水深 20 米以下的海域。

(3)工厂化:工厂化养殖即按工艺过程的连续性和流水性的原则,通过机械或自动化设备,对养殖水体进行水质和水温的控制,保持最适宜于鱼类生长和发育的生态条件,使鱼类的繁殖、苗种培育、商品鱼的养殖等各个环节能相互衔接,形成一个独自的生产体系,以进行无季节性的连续生产,达到高效率、高速度的养殖目的。

第二章　水产养殖面积

第 10 条　水产养殖面积

水产养殖面积指在报告期内实际用于养殖水产品的水面面积,包括海水养殖面积和淡水养殖面积。在报告期内无论是否全部收获或尚未收获其产品,均应统计在养殖面积中。但有些水面不投放苗种或投放少量苗种,只进行一般管理的,不统计为养殖面积。养殖面积法定计量单位为公顷。

第 11 条　海水养殖面积

海水养殖面积指利用天然海水养殖水产品的水面面积,包括海上养殖、滩涂养殖、其他养殖。工厂化、深水网箱不计入养殖面积。

第 12 条　淡水养殖面积

淡水养殖面积指在淡水水域养殖水产品的水面面积，包括池塘、湖泊、水库、河沟和其他五部分。工厂化、稻田养殖不计入养殖总面积。

第 13 条　养殖面积核算

（1）海上、滩涂、池塘、湖泊、水库、河沟等方式养殖面积按照实际使用的水面计算，计量单位为公顷。

（2）普通网箱按照实际占用水面计算面积，计量单位为米^2。

（3）工厂化养殖：按照实际养殖水体的体积计算，计量单位为米^3。

（4）深水网箱：按照实际占用水的体积计算，计量单位为米^3。

（5）在江河、湖泊、水库投放苗种或灌江纳苗、增殖放流的水域不统计面积；湖泊、水库、河沟虽有专人管理，或有苗种投放，但人工养殖水产品起捕量不足 30% 的水面也不统计为养殖面积（其产量列入捕捞产量）。

第三章　渔业经济总产值和增加值

第 14 条　渔业经济总产值和增加值

渔业经济总产值和增加值指以货币表现的核算期内渔业经济活动的总产出和总成果，包括了全社会渔业、渔业工业和建筑业、渔业流通和服务业。

第 15 条　渔业产值和增加值

渔业产值指以货币表现的核算期内捕捞和养殖水产品及水产苗种的总产出和总成果。具体包括人工养殖的水生动物和海藻的产值、天然水生动物和天然海藻采集的产值，即包括海洋捕捞、海水养殖、淡水捕捞、淡水养殖产品以及水产苗种的产出。其计算方法：水产品及苗种的产量分别乘以其产品的现行价格。

渔业增加值指以货币表现的核算期内全社会从事渔业捕捞和养殖生产活动所创造的最终产品的价值，其计算方法：渔业总产出扣除渔业中间投入。

渔业产值和增加值的数据取自同级统计部门。

第 16 条　渔业工业、建筑业产值和增加值

渔业工业、建筑业产值和增加值指以货币表现的核算期内全社会从事水产品加工业、渔用机具制造业、渔用饲料工业、渔用药物制造业、渔业建筑业等的产出和成果。

水产品加工业产值等于加工产品量乘以现行价格，其增加值采用食品加工业增加值率进行推算。

渔用机具制造业产值、增加值等于渔船渔机修造业、渔用绳网制造业和其他设备制造业的产值、增加值之和；其产值计算方法主要采用“工厂法”计算，增加值的计算方法采用统计部门“规模以上工业企业总产值表”中的相应指标增加值率进行推算。

渔用饲料工业产值主要采用“工厂法”，增加值是渔用饲料工业现行总产出乘以“规模以上”饲料工业现价增加值率。

渔用药物制造业产值取同级相关部门统计年报表中的有关数据，其增加值等于渔用药物总产出乘以“规模以上”生物制药业现价增加值率。

渔业建筑业产值计算方法是从建筑产品所有方的建筑工程造价角度入手,依据投资完成额计算,其增加值采用建筑业增加值率来推算。

第 17 条　渔业流通和服务业产值和增加值

渔业流通和服务业包括渔业流通业,渔业(仓储)运输业,休闲渔业,渔业文化教育、科学技术和信息等产值和增加值。

渔业流通业产值以营业额来计算,其增加值等于渔业流通业产值乘以批发零售贸易业现价增加值率进行推算。

渔业(仓储)运输业产值即营业收入,其增加值计算方法与建筑业相同。

休闲渔业产值包括涉渔的一切旅游服务业产值,以营业额计算,其增加值用旅游业增加值率进行推算。

渔业文化教育、科学技术和信息等产值及其增加值根据财政部门《一般预算支出决算明细表》和有关资料进行推算。

第 18 条　计算总产值的价格

计算总产值的价格按当年价格计算。

当年价格就是当年出售产品时的实际价格。水产品当年价格以各地渔业生产单位初次出售的价格的平均价格为依据;工业产品以报告期内的产品出厂价格为当年价格。商业以零售价格为当年价格。

第四章　渔业船舶拥有量

第 19 条　渔业船舶

渔业船舶指从事渔业生产的船舶以及为渔业生产服务的船舶,按有无推进动力分为机动渔业船舶和非机动渔业船舶。按生产性质分为生产渔船和辅助渔船。

国内海洋捕捞渔业船舶转为远洋渔业船舶的当年,应纳入远洋渔业船舶统计范围内,在国内渔船统计范围中不再进行统计。

第 20 条　机动渔业船舶

机动渔业船舶指依靠本船主机动力来推进的渔业船舶,分为渔业生产船和渔业辅助船。

渔业生产船是直接从事渔业捕捞和养殖活动的船舶统称。从事捕捞业活动的渔船为捕捞船,从事养殖业活动的渔船为养殖船。捕捞船,按主机总功率分为:441 千瓦(含)以上、44.1(含)~441 千瓦、44.1 千瓦以下三类;按船长分为:24 米(含)以上、12(含)~24 米、12 米以下;按作业方式分为拖网、围网、刺网、张网、钓具、其他共 6 类,有关解释请参照第 6 条的相关内容。

渔业辅助船指从事各种加工、贮藏、运输、补给、渔业执法等渔业辅助活动的渔业船舶统称,包括水产运销船、冷藏加工船、油船、供应船、科研调查船、教学实习船、渔港工程船、拖轮、驳船和渔业行政执法船等。其中捕捞辅助船指水产运销船、冷藏加工船、油船、供应船等为渔业捕捞生产提供服务的渔业船舶。钓具、围网等作业渔船中的子船纳入捕捞辅助船统计范围。

机动渔船年末拥有量应按数量、吨位、功率分别统计,各计量单位规定如下:

(1)数量的单位为“艘”,“艘”应按船舶单元计算,子母式作业船应分别统计。

(2)吨位的单位为“总吨”,“总吨”应为丈量确定的船舶总容积,每 2.83 米^{3}为 1 总吨。

(3)功率的单位为“千瓦”,“千瓦”应按主机总功率计算。1 马力等于 0.735 千瓦。

第 21 条 非机动渔船

非机动渔船指无配置机器作为动力的渔船,依靠人力、风力、水力或其他船只带动的渔业船舶,包括风帆船、手摇船等。

第五章 渔业灾情

第 22 条 渔业灾情

渔业灾情指由于遭受台风(洪涝)、病害、干旱、污染和其他灾害而造成水产品产量减少、苗种损失、设施损坏、水域污染以及人员伤亡等。

水产品损失指由于灾害造成的水产品损失数量和金额。

受灾养殖面积指由于灾害造成水产品产量损失在 10%以上的养殖面积。

渔业设施损毁指由于台风(洪涝)造成池塘、网箱(鱼排)、围栏、渔船损坏或沉没、堤坝、泵站、涵闸、码头、护岸、防波堤、工厂化养殖场及苗种繁育场等被毁,从而造成的渔业设施毁坏的数量和金额。

人员损失指由于灾害而造成人员失踪、死亡和重伤的人数。

第六章 渔业人口与渔业从业人员

第 23 条 渔业乡和渔业村

在农村中,从事渔业生产与经营的人员占全部从业人员 50%以上或渔业产值占农业产值的比重 50%以上的乡、村,即为渔业乡和渔业村;达不到上述标准的,但一直是以经营渔业为主,并经上级主管部门批准定为渔业乡、村的,亦可统计为渔业乡和渔业村。

第 24 条 渔业户(家庭)

渔业户指农(渔)村和城镇住户中主要从事渔业生产与经营的家庭。凡家庭主要劳动力或多数劳动力从事渔业生产与经营的时间占全年劳动时间 50%(6 个月)以上或渔业纯收入占家庭纯收入总额 50%以上者均可统计为渔业户。

第 25 条 渔业人口

渔业人口指依靠渔业生产和相关活动维持生活的全部人口,包括实际从事渔业生产和相关活动的人口及其赡(抚)养的人口,具体如下:

(1)直接从事渔业生产和相关活动的在业人口。

(2)兼营渔业和其他非渔业劳动者中,凡从事渔业生产和相关活动的时间全年累计达到或超过 3 个月者,或者虽全年累计不足 3 个月,但渔业纯收入占纯收入总额比重超过 50%者。

(3)由从事渔业生产和相关活动的人口赡(抚)养的人口。

(4)在既有渔业劳动者又有非渔业劳动者的家庭中,根据渔业与非渔业纯收入比例分摊的被渔业劳动者赡(抚)养的人口。

渔业人口中的传统渔民:指凡渔业乡、渔业村的渔业人口均可称为传统渔民。

第 26 条　渔业从业人员

渔业从业人员:全社会中 16 岁以上,有劳动能力,从事一定渔业劳动并取得劳动报酬或经营收入的人员。

渔业专业从业人员:全年从事渔业活动 6 个月以上或 50% 以上的生活来源依赖渔业活动的渔业从业人员;

渔业兼业从业人员:全年从事渔业活动 3~6 个月或 20%~50% 的生活来源依赖渔业活动的渔业从业人员;

渔业临时从业人员:全年从事渔业活动 3 个月以下或 20% 以下的生活来源依赖渔业活动的渔业从业人员。

第七章　远洋渔业

第 27 条　远洋渔业产量和远洋渔船

远洋渔业产量:由各远洋渔业企业和各生产单位按我国远洋渔业项目管理办法组织的远洋渔船(队)在非我国管辖水域(外国专属经济区水域或公海)捕捞的水产品产量。中外合资、合作渔船捕捞的水产品只统计按协议应属于中方所有的部分。

远洋渔船:按上述办法、协议,在上述水域进行常年或季节性生产的渔船。

第八章　水产苗种

第 28 条　苗种

鱼苗:卵黄囊基本消失,鱼鳔充气,能平游主动摄食的仔鱼,包括人工孵化和江河湖海港湾采捕的天然鱼苗。

鱼种:鱼苗经培育后,发育至全体鳞片,鳍条长全,外观具有成鱼基本特征的幼鱼,一般全长在 1.7~23.3 厘米,因出塘季节和培育期的不同,又俗称为夏花、冬片、春片、秋片、仔口和老口。

扣蟹:蟹苗经数次蜕皮变成外形接近蟹形的仔蟹,再经过 4~5 个月饲养培育成每千克 100~200 只性腺未成熟的幼蟹。

第 29 条　苗种数量统计原则

由苗种孵化或育成的单位归属统计,从他处购进或以其他方式取得苗种,不再进行统计。

第九章　水产加工业

第 30 条　水产加工企业

水产加工企业:从事水产品保鲜(保活)、保藏和加工利用的企业。

规模以上企业:年主营业务收入 500 万元以上的水产加工企业。

水产品加工能力:年加工处理水产品的总量。

第 31 条　水产冷库

水产冷库指主要用于水产品冻结、冷藏和制冰的场所，一般以低温冷藏库数作为冷库座数。

冷库的冻结能力、冷藏能力、制冰能力均指冷库建造设计的及后来改扩建新增的生产能力之和。

第 32 条　水产加工品

水产加工品指以水产品为原料，采用各种食品贮藏加工、水产综合利用技术和工艺所生产的产品，如冷冻冷藏品、腌制品、干制品、熏制品、罐头食品、各种生熟小包装食品，以及鱼油、鱼肝油、多烯脂肪酸制剂、饲料鱼粉、藻胶、碘、贝壳工艺品等。

一、水产冷冻品

水产冷冻品指为了保鲜，将水产品进行冷冻加工处理后得到的产品，包括冷冻品和冷冻加工品，但不包括商业冷藏品。

冷冻品泛指未改变其原始性状的粗加工产品，如冷冻全鱼、全虾等。

冷冻加工品指采用各种生产技术和工艺，改变其原始性状、改善其风味后制成的产品，如冻鱼片、冻虾仁、冷冻烤鳗、冻鱼籽等。

二、鱼糜制品和干腌制品

鱼糜制品指将鱼（虾、蟹、贝等）肉（或冷冻鱼糜）绞碎经配料、擂溃成为稠而富有黏性的鱼肉浆（生鱼糜），再做成一定形状后进行水煮（油炸或焙烤烘干）等加热或干燥处理而制成的食品，如鱼糜、鱼香肠、鱼丸、鱼糕、鱼饼、鱼面、模拟蟹肉等。

干腌制品指以水产品为原料，经脱水（烘干、烟熏、焙烤等）或添加腌制剂（盐、糖、酒、糟）制成具有保藏性和良好风味的产品，如烤鱼片、鱿鱼丝、鱼松、虾皮、虾米、海珍干品，以及海蜇、腌鱼、烟熏鱼、糟鱼、醉虾蟹、醉泥螺、卤甲鱼、水生动植物调味品（虾蟹酱、蚝油、鱼酱油）等。

藻类加工品指以海藻为原料，经加工处理制成具有保藏性和良好风味的方便食品，如海带结、干紫菜、调味裙带菜等。

三、水产罐制品

水产罐制品指以水产品为原料按照罐头工艺加工制成的产品，包括硬包装和软包装罐头，如鱼类罐头、虾贝类罐头等。

四、鱼粉

鱼粉指用低值水产品及水产品加工废弃物（如鱼骨、内脏、虾壳等）等为主要原料生产而成的加工品。

五、鱼油制品

鱼油制品指从鱼肉或鱼肝中提取油脂，并制成的产品，如粗鱼油、精鱼油、鱼肝油、深海鱼油等。

六、其他水产加工品

其他水产加工品指除上述加工产品之外的加工品统称，如助剂和添加剂（蛋白胨、褐藻胶、碘、甘露醇、卡拉胶、琼胶等）、珍珠加工品、贝壳工艺品、鱼酒、鱼奶等。

第十章　渔民家庭当年收支情况调查

第 33 条　家庭常住人口数

家庭常住人口数指全年经常在家或在家居住 6 个月以上，而且经济和生活与本户连成一体的人口数。外出从业人员在外居住时间虽然在 6 个月以上，但收入主要带回家中，经济与本户连为一体，仍视为家庭常住人口；在家居住，生活和本户连成一体的国家职工、退休人员也为家庭常住人口。但是现役军人、中专及以上（走读生除外）的在校学生，以及常年在外（不包括探亲、看病等）且已有稳定的职业与居住场所的外出从业人员，不应当作家庭常住人口。

第 34 条　家庭渔业从业人员人数

家庭渔业从业人员人数指家庭常住人口中从事渔业生产、销售、运输等活动累计 6 个月以上的人数。

第 35 条　全年总收入

全年总收入指调查期内被调查对象从各种来源渠道得到的收入总和。按收入的性质划分为家庭经营收入、工资性收入、财产净收入、转移性收入和政府生产补贴（惠农收入）。

第 36 条　家庭经营收入

家庭经营收入指以家庭为单位进行生产经营和管理而获得的收入，包括渔业（水产品及鱼苗）收入、其他家庭经营收入。

渔业收入：水产品及鱼苗用于市场交易的现金收入或自产自食的实物收入。市场交易的现金收入等于交易的水产品及鱼苗或与水产品有关的劳务活动量乘以市场价格，只要交易发生，包括现款和应收款都要计算为收入；自产自食的实物收入，按自食水产品数量乘以相应水产品成本价格计算。如某个水产品的市场平均价格为 10 元/千克，用于计算该水产品市场交易的现金收入；成本价格为 6 元/千克，用于计算自产自食的该水产品实物收入。

经营其他行业收入：渔民家庭自主经营的除渔业外的其他行业，如种植业、畜牧业、林业等第一产业，或从事第二、三产业所取得的经营收入。第一产业的收入包括现金和实物两个部分，计算方法与渔业收入类似；第二、三产业只计算现金部分。

第 37 条　工资性收入

工资性收入指渔民家庭中从业人员通过各种途径得到的全部劳动报酬和各种福利，包括在渔业生产劳动中获得的工资和在其他行业劳动中获得的工资。

工资的形式包含计时计件劳动报酬、奖金、津贴，以及单位代个人缴纳的养老保险、医疗保险、失业保险、房租费、水电费、托儿费、医疗费等，单位定期或不定期发放过节费、调动工作的安家费、相当于现金的通用购物卡、免费或低价提供的实物产品和服务折价、工作餐补贴折价，零星或兼职劳动中得到现金、实物补贴折价等，还包括股份制企业派发或奖励给员工的股票和期权。

工资按照收付实现制计算，只要是在调查期内实际得到的工资，无论该工资是补发还是预发，都应归为本期得到的工资收入。本调查期内应得但因拖欠等原因未得到的工资不应计入。

工资不包括因员工或员工家属大病、意外伤害、意外死亡等原因支付给员工或其遗属的抚恤金和困难补助金，应该将其列入转移性收入中的社会救济和补助收入。

第 38 条　财产性净收入

财产性净收入指渔民家庭住户或成员将其所拥有的金融资产和自然资源交由其他机构单位、住户或个人支配而获得的回报并扣除相关的费用之后得到的净收入。财产性净收入包括利息净收入、红利收入、储蓄性保险净收益和转让承包土地或水面经营权租金净收入等。

利息净收入指利息收入扣除该住户或个人付给债权方的生活性借贷款利息支出后得到的净值。利息收入指按照双方事先约定的金融契约条件，借出金融资产（存款、债券、贷款和其他应收账款）的住户或个人从债务方得到的本金之外的附加额。利息收入是应得收入，包括各类定期和活期存款利息、债券利息、个人借款利息等，银行代扣的利息所得税也包括在内。

红利收入指住户或个人作为股东将其资金交由公司支配或处置而有权获得的收益。包括股票发行公司按入股数量定期分配的股息、年终分红以及从集体财产入股或其他投资分配得到的股息和红利。股票买卖结算后获得的收益（含亏损）不包含在内。

储蓄性保险净收益指住户或个人参加储蓄性保险，扣除缴纳的保险本金及相关费用后，所获得的保险净收益，不包括保险责任人对保险人给予的保险理赔收入。

转让承包土地或水面经营权租金净收入指住户将拥有经营权或使用权的土地转让给其他机构单位或个人获得的补偿性收入扣除相关成本支出后得到的净收入，也包括从其他机构单位或个人获得的实物形式的收入。

其他财产净收入指住户所得的除上述以外的其他财产性收入扣除相关的维护成本之后得到的净收入。如通过在国外购买的土地、矿产等自然资源获得的财产净收入等。

财产性净收入不包括将非金融资产（如住房、生产经营用房、机械设备、专利、专有技术、商标商誉等）交由其他机构单位、住户或个人支配而获得的回报，应该计入“经营净收入”。财产性净收入也不包括转让资产所有权的溢价所得，这些是“非收入所得”，不包含在本调查中。

第 39 条　转移性收入

转移性收入指国家、单位、社会团体对住户的各种经常性转移支付和住户之间的经常性收入转移。它包括政府、非行政事业单位、社会团体对居民转移的养老金或退休金、社会救济和补助、惠农补贴、政策性生活补贴、救灾款、经常性捐赠和赔偿以及报销医疗费等；住户之间的赡养收入、经常性捐赠和赔偿，以及农村地区（村委会）在外（含国外）工作的本住户非常住成员寄回带回的收入等。

转移性收入不包括住户之间的实物馈赠。

养老金或离退休金指根据国家有关文件规定或合同约定，在劳动者年老或丧失劳动能力后，根据他们对社会、单位所作的贡献和所具备的享受养老保险资格或退休条件，按月以货币形式或实物产品及服务给予的待遇，主要用于保障因年老或疾病丧失劳动能力的劳动者的基本生活需要。包括离退休人员的养老金或离退休金、生活补贴，农民享有的新型农村养老保险金，城镇居民享有的社会养老保险金，国家或地方政府给予城镇无保障老人的养老金，因工致伤离退休人员的护理费，退休人员异地安家补助费、取暖补贴、医疗费、旅游补贴、书报费、困难补助以及在原工作单位所得的各种其他收入，相当于现金的购物卡券也包含在内。也包括发给的实物和购买指定物品的票证、购物卡券，应同时计入相应的实物产品和服务项目中。

社会救济和补助指国家、机关企事业单位、社会团体和个人对各类特殊家庭、人员提供的特别津贴。包括国家对享受城镇居民最低生活保障待遇的家庭发放的最低生活保障金、对农村五保户发放的五保救助金、国家和社会及机构单位对特殊困难家庭给予的困难补助、扶贫款、救灾款、国家或机构单位向由于失去工作能力或意外死亡等原因而失去工作的职工或其遗属定期发放的抚恤金等。也包括发给的实物和购买指定物品的票证、购物卡券,应同时计入相应的实物产品和服务项目中。

惠农补贴指政府为扶持农业、林业、牧业、渔业和农林牧渔服务业,以现金或实物形式发放的各种生产补贴。现金形式发放的补贴包括粮食直补、购置和更新大型农机具补贴、良种补贴、购买生产资料综合补贴、退耕还林还草补贴、畜牧业补贴等生产性补贴。实物形式发放的补贴指政府低价或免费提供的相关产品和服务,如免费或低价提供的种子、农机具服务等。包括经营渔业的生产性补贴和经营其他产业的生产性补贴。在鱼塘改造中,如果是以渔民家庭为主进行投入建设,得到了政府补贴,计入渔民得到的惠农补贴;如果是政府直接奖励或投入改造建设,则按相关市场价格计入生产性固定资产。

政策性生活补贴指根据国家的有关规定,中央财政、各级地方财政给予家庭的相关政策性生活补贴。包括家电下乡和以旧换新等家电补贴、能源补贴、给农村寄宿制中小学生的生活补贴等;也包括其他低价或免费提供的实物产品和服务,如廉租房等。

报销医疗费指参加新型农村合作医疗、城镇职工基本医疗保险、(城镇)居民基本医疗保险、城乡居民大病保险的居民在购买药品、进行门诊治疗或住院治疗之后,从社保基金或单位报销的医疗费。报销医疗费属于一种实物收入。报销医疗费包括使用社保卡进行医疗服务付费时直接扣减的、由社保基金支付的部分。从商业医疗保险获得报销的医疗费不包括在内。

外出从业人员寄回带回收入指在外(含国外)工作的本住户非常住成员寄回、带回的收入。无论是以现金、汇款、转账、银行卡共享等任何形式寄回、带回的收入,都应计入。

赡养收入指亲友因赡养和抚养义务经常性给予住户及其成员的现金和实物收入。

其他经常转移收入指住户从除上述各项转移性收入以外得到的其他经常性转移收入。如经常性捐赠收入、经常性赔偿收入、失业保险金、亲友搭伙费等。

经常性捐赠收入指住户从他人、组织、社会团体处得到的经常性捐献或赠送收入。这种捐赠收入带有义务性和经常性,不包括遗产及一次性馈赠收入、婚丧嫁娶礼金所得、压岁钱等。捐赠收入与赡养收入的区别:赠送是对本住户的成员无赡养义务的其他住户或个人给本住户及其成员的现金。本住户成员内部间的捐赠收入和捐赠支出均不必记账。

经常性赔偿收入指住户及其成员因受到财产损失、人身伤害、精神损失得到的国家、单位、个人定期支付的经常性赔偿,不包括一次性赔偿所得。

第 40 条　全年总支出

全年总支出指渔民家庭全年用于生产、生活和再分配的全部支出。包括:家庭经营费用支出、生产性固定资产折旧、税费支出、生活消费支出、转移性支出。

第 41 条　家庭经营费用支出

家庭经营费用支出指以家庭为单位从事生产经营活动而消费的商品和服务、自产自用产品。包括经营渔业费用支出和经营其他行业费用支出。

经营渔业费用支出包括燃料、水电及加冰费用、雇工费用、饲料费用、购买种苗费用,以及加工费用、修理费、承包或租用费等其他生产支出。其中燃料、水电费指用于生产的,不包括用于生活的支出;修理或改造费用等,指额度在1 000元以下的日常渔需物质支出,在此价值量之上的如渔具的大修理、鱼塘清淤、改造等较大规模投入，则按量按价计入固定资产。

经营其他行业费用支出指从事除渔业经营外的其他行业，如种植业、畜牧业、林业等第一产业，或从事第二、三产业经营的支出。其计算方法参考经营渔业支出。

第 42 条　生产性固定资产原价及折旧

生产性固定资产指使用年限在 2 年及以上、单位价值在1 000元以上的房屋建筑物、机器设备、器具工具、役畜、产品畜等资产，其中渔业生产性固定资产包括生产用车船、精养鱼池、大型网具、防逃设施、涵闸、泵站等。

生产性固定资产原价指固定资产当初的购进价、新建价或开始转为固定资产的价值。自繁自养的幼畜成龄转作役畜、产品畜、种畜，按市场同类牲畜的平均价格计价。国家奖励和外单位赠送的固定资产按购置同类固定资产的价格参照其新旧程度酌情计价。

渔民家庭的生产性固定资产折旧按农业生产性固定资产折旧方法处理，即 15 年的使用期限。

第 43 条　税费支出

税费支出指渔民家庭以现金和实物形式缴纳的从事生产经营活动的各种税赋支出，以及承包费、一事一议款、以资代劳款、乡村提留、集资摊派等费用，包括经营渔业税费支出和经营其他产业税费支出。对于无法区分家庭产业经营活动的税费支出，按一定比例分摊。

第 44 条　转移性支出

转移性支出指渔民家庭或成员对国家、单位、住户或个人的经常性或义务性转移支付，包括缴纳的税款、各项社会保障支出、赡养支出、经常性捐赠和赔偿支出以及其他经常转移性支出等。

个人所得税指家庭或成员被扣缴的工资薪金所得、对企事业单位的承包经营承租经营所得、个体工商户的生产经营所得、劳务报酬所得、稿酬所得、特许权使用费所得、利息股息红利所得、财产租赁所得、财产转让所得、偶然所得、经国务院财政部门确定征税的其他所得等个人所得的税款。生产税、消费税不在其内。

社会保障支出指家庭成员参加国家法律、法规规定的社会保障项目中由单位和个人共同缴纳的保障支出。包括养老保险、医疗保险、失业保险、工伤保险、生育保险以及其他社会保障支出。

赡养支出指家庭成员因赡养和抚养义务而付给亲友的经常性现金和定期的实物支出。现金赡养支出应按实际发生的金额计算，不论是从报告期收入中开支的，还是从银行存款、手存现金以及其他所得中开支的，均应包含在内。

其他经常转移支出指家庭或成员除缴纳的税款、社会保障支出、赡养支出以外的其他经常性转移支出，如经常性捐赠支出、经常性赔偿支出、各种罚款（如交通罚款）；政府部门向居民提供服务收取的服务费，如迁户口的办理费、办理身份证费，缴纳工会费、党费、团费以及学会团体组织费等。

经常性捐赠支出指家庭或成员赠予他人的经常性和带有义务性的现金支出，包括向寺庙的经常性捐款、定期资助贫困学生或贫困地区的款项、个人对公共设施建设的各类捐款，如解困基金、水利基金、防洪基金等，但不包括以商品或服务方式给予他人的价值额。婚丧嫁娶礼金支出及一次性馈赠支出如压岁钱、探望病人给予的礼金等不含在内。经常性捐赠支出应按实际发生的金额计算，不论是从报告期收入中开支的，还是从银行存款、手存现金以及其他所得中开支的，均应包括在内。

经常性赔偿支出指家庭或成员向因受到财产损失、人身伤害、精神损失的国家、单位、个人定期支付的赔偿支出，不包括一次性赔偿支出。

第 45 条　生活消费支出

生活消费支出指渔民家庭用于满足家庭日常生活消费需要的全部支出，包括伙食支出、烟酒支出、衣着支出、居住支出、生活用品支出、交通通信支出、教育文化娱乐支出、医疗保健支出、其他用品及服务支出。

伙食支出指渔民家庭住户购买粮、油、菜、肉、禽、蛋、奶、水产品、糖、饮料、干鲜瓜果等食品的支出，也包括在外饮食、餐馆外卖食品和其他饮食服务的支出，但不包括用于宠物食品的支出。

烟酒支出指渔民家庭住户用于烟草和酒类的支出。烟草包括卷烟、烟丝、烟叶。涵盖住户购买的所有烟草，包括在餐馆、酒吧等购买的烟草。不包括烟具。酒指用高粱、大麦、米、葡萄或其他水果发酵制成的含酒精饮料。主要有白酒、黄酒、葡萄酒、啤酒，包括低度酒精饮料或不含酒精的啤酒等。此处指买来在家喝的酒类，不包括在餐馆、旅馆、酒吧等消费的酒（在外饮食）。

衣着支出指渔民家庭住户用于穿着的支出，包括购买服装、服装材料、鞋类、其他衣类及配件，以及衣着相关加工服务的支出。

居住支出指渔民家庭住户用于居住的支出，包括房租、水、电、燃料、住房装潢、物业管理等方面的支出。

生活用品支出指渔民家庭住户购买家具和家用电器、日用杂品的支出。

家具和家用电器包括家具、家具材料、室内装饰品、家庭使用的各类大型器具和电器，小家电等，如冰箱、冷饮机、空调、洗衣机、吸尘器、干衣机、微波炉、洗碗机、消毒碗柜、炊具、炉灶、热水器、取暖器、保险柜、缝纫机、榨汁机、烤面包炉、酸奶机、熨斗、电水壶、电扇、电热毯等。

日用杂品包括床上用品、窗帘门帘和其他家用纺织品，以及洗涤及卫生用品、厨具、餐具、茶具、家用手工工具、其他日用品、护肤品、美容美发用品等。

交通通信支出指渔民家庭户在交通工具、交通费、通信器材、通信服务方面的支出。

交通工具包括家用汽车、摩托车、自行车及其他家庭交通工具。不包括经营用交通工具。

交通费包括乘坐各种交通工具（如飞机、火车、汽车、轮船等）所支付的交通费以及用于车辆使用的燃料费、停车费、维修费、车辆保险等。不包括因公出差暂由个人垫付的交通费。

通信工具包括固定电话机、移动电话机、寻呼机、传真机等。

通信服务费包括电话费、电话初装费、入网费、电信费、邮费等。

教育文化娱乐支出指渔民家庭户用于住户成员的教育活动、文化娱乐活动的支出。

教育包括职业技术培训费、学杂费、赞助费、一揽子教育服务费、教育用品支出等。文化娱乐包括用于文娱耐用消费品、其他文娱用品和文化娱乐服务。

文娱耐用消费品包括各种音像、摄影和信息处理设备，如彩色电视机、照相机、摄像机、组合音响、家用计算机，也包括中高档乐器、健身器材等，还包括文娱耐用消费品的零配件和维修。

其他文娱用品包括除教材及参考书以外的各种书报杂志及音像制品、文具纸张、体育户外用品、玩具、用于花鸟虫鱼等业余爱好的相关用品、宠物及宠物用品等其他文娱用品，也包括以上文娱用品的维修支出。

文化娱乐服务指和文化娱乐活动有关的各种服务费用。包括团体旅游、景点门票、体育健身活动、电影、话剧、演出票、有线电视费以及其他文化娱乐服务支出。

医疗保健支出指渔民家庭户购买医疗器具和药品，支付门诊和住院费方面的支出。

医疗器具和药品包括药品、滋补保健品、医疗卫生器具及用品和保健器具。

门诊和住院费指门诊和住院的医疗总费用，包括从各种医疗保险或其他医疗救助计划中获得的医药费和医疗费的报销款额；挂号费、诊疗费、注射费、手术费、透视费、镶牙费、出诊费、送药费、陪侍费、住院费、救护车费等；提供给门诊病人的药物、医疗器械和设备及其他保健产品。报销医疗费应按收付实现制记录，即仅当医疗费报销到手时才计入。

其他用品及服务指渔民家庭户在其他用品及服务方面的支出。

其他个人用品包括首饰、手表和其他杂项用品。

其他服务包括旅馆住宿费、美容美发洗浴、其他杂项服务。无法归入七大类服务支出的其他各项服务支出，如迷信、丧葬费、诉讼费、公证费、房地产中介服务费等也包含在内。

第 46 条　全年纯收入和渔业纯收入

全年纯收入指渔民家庭当年从各种来源得到的总收入相应地扣除所发生的费用后的收入总和。全年纯收入主要用于再生产投入和当年生活消费支出，也可用于储蓄和各种非义务性支出。渔民人均纯收入是按人口平均的纯收入水平，反映的是一个地区或一个渔民家庭的居民平均收入水平。计算方法：

全年纯收入=全年总收入-家庭经营费用支出-生产性固定资产折旧-税费支出

渔业纯收入=出售水产品收入+从事渔业所获得的工资性收入-经营渔业支出-渔业固定资产折旧-渔业税费支出

第 47 条　可支配收入

可支配收入指渔民家庭户可用于最终消费支出和储蓄的总和，即可以用来自由支配的收入。可支配收入既包括现金，又包括实物收入。本调查按照收入的来源，可支配收入包含四项，分别为：工资性收入、经营净收入、财产净收入、转移净收入。计算公式为：

可支配收入=工资性收入+经营净收入+财产净收入+转移净收入

其中：

经营净收入=经营收入-经营费用-生产性固定资产折旧-税费支出

转移净收入=转移性收入-转移性支出

第 48 条　渔民家庭收支调查台账首页及问卷

渔民家庭收支调查台账首页是用于采集渔民家庭收支情况基础数据的方法。在调查户中建立台账首页，按一定时间将发生收支情况通过问卷访问进行记录，由县级渔业统计人员按时间要求，直接通过村干部或村农业技术员收集或调查。本台账首页及问卷为参考表样，各地可根据实际情况自行设计，方便渔民理解。在台账首页中需要一次性填写的内容包括样本户地址及代码、居住房屋面积和估价、拥有大型网具价值、养殖面积、机动渔船数量、功率和吨位等。

样本户地址及代码指渔民家庭收支调查样本户的居住地址，按省、地、县、乡、村的行政地址填写，代码是国家统计局公布的标准代码(12 位)。村内的样本户按自然顺序编码。样本户所在的行政区划名称发生改变，但尚未获得国家标准名称和代码的，原地址和代码不变，可在备注中说明。

居住房屋面积指住宅用于生活居住的建筑面积，应扣除住宅中非生活居住(出租、生产或商用)的建筑面积。

建筑面积以房屋产权证或租赁证为准，也可按使用面积乘以 1.333 计算得出。如果没有相应证明，则由调查员根据本住宅或类似住宅判断填写。建筑面积应填写整数，不为整数时应四舍五入。

居住房屋的估价指居住房屋建筑本身的市场估值，仅包含建筑物本身的价值，不包含宅基地的价值。市场估值主要由调查员辅助住户进行填报。按农村地区的住宅市场估值方法进行估价，调查员预先了解本地区目前平均的房屋建造成本，并将这些信息提供给调查户。针对某个具体住宅，首先估计目前如果要建造同类住房所需要的成本，然后按照 30 年折旧的期限，根据住宅的建筑年份对剩余的价值进行折算。例如，农村的一栋两层小楼，于 1997 年建成，已经使用了 15 年。目前建造同类住房的成本约为 20 万元，则按照 30 年的折旧期限，目前该住宅的价值为 10 万元。如果住宅的使用年限已经超过 30 年，则根据住宅目前的实际情况酌情进行估价。对于竹草土坯房，原则上住宅的市场估值不超过5 000元。

图书在版编目(CIP)数据

2020中国渔业统计年鉴/农业农村部渔业渔政管理局,全国水产技术推广总站,中国水产学会编制.—北京:中国农业出版社,2020.6

ISBN 978-7-109-26847-0

Ⅰ.①2… Ⅱ.①农… ②全… ③中… Ⅲ.①渔业经济-统计资料-中国-2020-年鉴 Ⅳ.①F326.4-66

中国版本图书馆 CIP 数据核字(2020)第 081630 号

2020 中国渔业统计年鉴
2020 ZHONGGUO YUYE TONGJI NIANJIAN

中国农业出版社出版
地址:北京市朝阳区麦子店街 18 号楼
邮编:100125
责任编辑:陈 瑨
责任校对:沙凯霖
印刷:中农印务有限公司
版次:2020 年 6 月第 1 版
印次:2020 年 6 月北京第 1 次印刷
发行:新华书店北京发行所
开本:787mm×1092mm 1/16
印张:10.25 插页:8
字数:300 千字
定价:200.00 元